나는 새해가 되면 유서를 쓴다

나는 새해가 되면 유서를 쓴다

인생 정리와 상속의 기술

황신애 지음

EBS BOOKS

평생 나의 든든한 친구이자 인생의 동반자로
마음의 지지대가 되어준 남편 심세성과
소중한 자녀 진형과 건에게
고마움을 전합니다.

Prologue

유언장을 쓰기에
오늘보다 좋은 날은 없다

삶에 작은 변화가 일어날 때
우리는 진정한 인생을 살게 된다.
_ 레프 톨스토이

●●●

내가 처음 유언장을 쓰기 시작한 것은 2009년이다. 그해 나는 보통 사람들에게는 조금 생소한 유산 기부 상담을 하게 되었고, 자연스럽게 죽음의 문제를 고민하기 시작했다.

유언장을 쓰는 사람들의 마음을 조금이나마 이해해보고 싶었다. 하지만 막상 내가 직접 쓰려고 하니 어떻게 시작해야 할지 막막했다. 게다가 마음의 준비가 안 된 탓인지 막상 써놓고 봐도 엉성하기 짝이 없었다. 도무지 마음에 들지 않았다. 결국 나는 첫 유언장을 쓴 지 몇 시간도 채 안 되어 촛불에 태워버리고 말았다.

●●●

지금은 상속의 시대

바야흐로 상속의 시대다. 세상은 여전히 공정하지 않은 것투성이고, '흙수저'와 '금수저'의 불평등이 존재하지만, 부자가 아닌 중산층 사람들도 조금은 남길 것이 있는 세상이 되었다.

하지만 상속은 여전히 익숙한 일이 아니다. 누구나 살면서 많아야 한두 번 상속을 받고 상속을 한다. 그렇기에 상속은 시행착오를 거치며 노하우를 터득하고 익힐 일이 되지 못한다.

원만한 상속을 도와줄 전문가를 찾고 싶어도 마땅한 곳이 없다. 유명한 법률회사라면 도움을 줄 수 있지 않을까 싶어 찾아가 봐도 소송을 이기는 법은 알지만 소송을 피할 방법을 알려주지는 않는다.

●●●

왜 유언장을 써야 할까?

상속을 잘하려면 나름대로의 전략이 필요하다. 그렇다면 상속을 전제한 유언장 작성에서 챙겨야 할 사항은 무엇일까? 일단은 물려줄 내 재산의 규모를 파악하고 상속할 대상과 시기를 정해야 한다.

또 빼놓지 말아야 할 것이 있다. 내 노후의 생계에 필요한 것들과 그에 필요한 자금에 대해 꼼꼼한 계획이 필요하다. 나아가 상속받은 이가 애초의 조건을 이행하지 않을 때 어떻게 할 것인가에 대한 대책도 필요하다.

무엇보다 상속을 해주는 가족과 상속에서 소외되는 가족에 대한 입장 정리와 그들을 설득할 만한 논리를 갖추는 것도 중요하다. 내가 죽은 후 나의 가족 이야기가 세상의 가십거리가 되거나 주변 사람들의 입방아에 오르는 것은 아무래도 불쾌하고 불미스러운 일이다.

●●●

다른 사람들의 유언장 작성을
함께 고민하면서 알게 된 것들

나는 어쩌다가 가족도 아닌 다른 사람들의 유언장을 함께 작성하고 열댓 번이나 상속을 받게 되었다. 그때까지만 해도 나는 유언을 전문적으로 다루는 직업에 대해 들어본 적이 없었다.

유산 기부자들과 상담하는 과정은 다른 기부와는 확실히 달랐다. 처음에는 내가 받을 기부금에 대해서만 분명히 하면 된다고 생각했다. 하지만 이 일은 결코 간단하지 않았다. 유언과 상속에 관한 법률적인 지식이 필요했고, 이해관계자나 세금 문제를 제대로 살피지 않았다가는 큰 낭패를 볼 수도 있었다.

기부 의사가 유언장에 반영되어 있어도 때로는 적법성과 진실성을 입증해야 한다. 유언 공증을 통해 적법하게 기부를 약속받고 나서도 가족의 반발과 유류분遺留分 소송 제기로 기부금을 재조정해야 하는 상황도 빈번하다. 유언 공증 서류를 들고 금융기관을 다니며 상속 처리를 하려고 해도 은행 담당자가 유산 기부라는 것을 경험해본 적이 없어서 허탕을 칠 수도 있다.

그러므로 상속을 하는 당사자뿐 아니라 기부 담당자에게도 관련 지식은 필수적이다.

●●●

죽음은 모두의 이야기

어느 순간 나는 유산 기부를 진행하면서 좀 더 근본적인 고민을 하게 되었다. 실무적인 지식 외에 유산을 기부하는 사람들, 그리고 그 유산의 스토리에 관심을 가지기 시작한 것이다. 그리고 그것은 자연스럽게 죽음에 대한 관심으로 이어졌다. 그렇게 해서 나는 새해가 되면 유언장을 쓰기 시작했다.

죽음은 모두의 이야기이다. 계급과 부와 국경을 초월해 모든 사람이 겪는, 가장 보편적이면서도 각자에게는 가장 내밀하고 고유한 사건이다.

하지만 현실은 아이러니하게도 정반대다. 더 나은 삶에 대한 조언과 지혜는 샘물처럼 넘쳐나지만 죽음에 대해서는 모두가 함구한다. 죽음 이후의 문제에 대해서도 우리는 세심하지 못하다. 고인이 남긴 재산과 업적, 머물던 공간과 삶의 자리를 거두며 기념하고 추모하는 일과 관련해서 미리 알려주는 곳이 없다. 고작해야 우리가 받는 죽음 이후의 서비스는 장례 절차와 납골당에 관한 것들이다. 이렇듯 우리는 여전히 살아 있는 동안 죽음으로 편안하게 옮겨가는 법을 배우지 못하고 있다.

●●●

마지막 성장의 기회

나는 평소 죽음은 언젠가 반드시 마주해야 할 사건이라고 생각해왔다. 그러면서 이 정도면 꽤나 마음의 준비가 된 것이 아닌가 하고 자부해왔다. 하지만 매년 유언장을 쓰기 시작하면서 내가 얼마나 죽음에 준비가 안 되었는지를 실감하게 되었다.

1년에 한 번 쓰는 유언장은 삶을 담백하게 정돈하는 일종의 의식이다. 매년 쓰다 보면, 지난 한 해 수고해서 얻고 남긴 것들을 새 유언장에 덧입힐 수도 있다. 유언장을 쓰고 나면, 소중한 것이 무엇인지 명확해진다. 단 몇 장의 종이에 담긴 것들만이 소중한 것으로 남겨진다. 그 외의 것들은 없어도 그만인 것이다.

이처럼 중요한 것들을 정리하고 나면 마치 묵은 때를 벗겨낸 것처럼 머릿속이 가벼워지고 마음은 시원해진다. 바쁘고 힘들어도 미루지 말아야 할 일이 있다. 어렵고 귀찮아도 덮어두어서는 안 되는 일이 있다.

나의 삶을 사랑한다면 아직 시간이 있을 때 소중한 것들과 남겨둘 것을 챙겨보자. 사랑하는 사람들을 위해 종이를 펼치고 펜을 들어보자.

유언장을 쓰기에 오늘보다 더 좋은 날은 없다.

CONTENTS

Part 2

잘 쓰고 잘 남기는 법

Part 3

멋진 마무리와 상속의 기술

Part 4

법적으로 유효한 유언 쓰기와 말 못할 사정이 있는 사람들을 위한 상속 노하우

Part 1

돈과 죽음과 인생을 배우다

인생은 입구에서 보면 한없이 멀고 아득하지만,

출구에서 돌아보면 너무 짧다.

_ 쇼펜하우어

부모의 삶은
유전자 캡슐에 담겨
전해진다

삶은 마치 페이스트리 빵 같다. 하루하루 수많은 사람을 만나고 그사이 격정적인 사건을 맞닥뜨리고, 가슴 아픈 순간들에 눈물 짓고 때로 기쁨에 감동하는 사이, 각각의 사연을 품은 이야기가 뒤엉키고 반죽되어 부풀어 오르다 새로운 모습을 하고 나타난다. 페이스트리는 얇디얇은 수백 겹의 층을 쌓고 쌓아 만드는데, 이것이 바삭하고 부드러운 식감을 내기까지는 밀고 접고 밀고 접고를 반복해야 한다. 얄팍한 한 겹 한 겹의 맛은 두드러지지 않지만 여러 겹을 한번에 베어 물면 그 고소함이 입 안 가득 퍼진다. 우리 삶도 하나의 순간순간이 쌓이고 쌓여 한 사람을 완성한다.

나는 펀드레이저fundraiser다. 우리말로 하자면 기금모금활동 전문가 정도인데, 이 말은 아직도 보통 사람들에게는 낯설다. 우리나라에서 펀드레이저라는 이 특이한 직업을 명함에 새기기까지 나의 삶도 서너 단계를 지나온 것 같다. 어떻게 이 일을 하게 되었냐고 묻는다면, "어쩌다 그렇게 되었다"가 솔직한 대답이겠지만 나는 세상에 우연은 없다고 믿는다. 미리 치밀한 계획을 세우고 궁리해서 가진 직업은 아니지만 일단은 가족, 특히 부모님의 영향과 살아온 배경이 크게 영향을 미쳤을 것이다. 또 내 안에 잠재된 기질도 어느 정도 작용하지 않았을까 싶다.

누구나 그렇겠지만, 나는 특히나 부모님의 영향을 많이 받았다. 아버지는 목회를 하셨는데, 매우 역동적인 분이었다. 잠시도 가만히 계실 때가 없고, 늘 무언가 열심히 일을 하셨다. 예배를 드리고 말씀을 읽는 시간을 제외한 나머지 시간은 항상 노동을 하셨다. 시골에서 목회를 하실 때는 이앙기를 사서 농촌교회 교인들의 일터에서 함께 모를 심고 벼를 베었고, 도시에 계실 때는 마당을 넓혀 사람들이 오가며 노닐 수 있는 쉼터를 만들고 화원을 가꾸셨다. 어머니의 생활은 예배와 기도와 섬김이 대부분이었다. 두 분 모두 타협이라고는 찾아볼 수 없을 정도로 아주 원칙적이었다.

나에게는 아주 오랫동안 잊히지 않은 얼굴이 있다. 대학을 다닐 무렵이었다. 아침이면 현관문을 두드리며 "아줌마!" 하고 크게 부르는 소리가 있었다. 그는 감은 지 1년도 더 되어 보이는 더벅머리를 하고 수염도 깍지 않은 데다 옷도 몇 겹을 껴입은 노숙 아저씨였다. 그런데 어머니는 그런 그를 서슴없이 집으로 들여 아무 말 없이 상을 차려 식사를 대접했다. 가끔 찬이 없을 때는 이삼천 원을 쥐여주기도 했던 것 같다.

책을 살 돈이 없고 준비물을 챙길 수 없었던 가난하고 불편한 시절이 있었지만, 그 시절을 탓하거나 하는 피해의식을 가지지 않았던 것은 가난한 중에도 늘 누군가를 돕고 계셨던 부모님 때문이었던 듯하다. 그 시기에 나는 아버지를 존경하면서도 한편으로는 아버지처럼 살고 싶지는 않다는 생각도 했다. 나는 부모님과는 다르게 살 거라고 은근히 다짐하기도 했던 것 같다. 그럼에도 불구하고 부모님의 삶은 유전자 캡슐에 담겨 내 세포 속에 녹아들었다.

좌절과 고통의 시간이 알려주는 것들

나의 십 대와 이십 대는 계속되는 좌절과 포기, 새로운 도전과 쟁취, 인내 속에서 나 자신을 직면하고 세상을 배워가는 시간이었다.

중학교 때 우연히 성악 콩쿠르에 나가 상을 받았다. 그 이후로 성악을 하겠다고 레슨을 받기도 하고 음악활동도 하면서 꿈에 부풀어 있다가 고등학교 3학년이 되어서야 레슨비를 감당할 수 없다는 현실을 받아들이게 되었다. 이후 그사이 소홀히 했던 공부를 만회하느라 평택서 서울까지 기차로 통학하며 재수를 한 끝에 외대 영어과에 입학했다. 영어를 잘해서가 아니라 가장 자신 없는 과목이 영어라서 제대로 배워보겠다는 생각으로 선택한

학과다. 하지만 다른 친구 대부분은 통번역대학원을 꿈꾸며 지원한 영어 인재들이었다. 나는 또 한 번 진로 선택에서 말도 안 되는 실수를 범한 것을 깨달았다.

어떤 해에는 사남매가 동시에 대학에 다니고 있어 부모님의 부담이 이만저만이 아니었다. 나는 철이 일찍 든 것인지 어학연수나 대학원 따위는 일찌감치 포기하고 3년 반 만에 졸업을 하고 취업의 길로 들어섰다. 가족 중 누구도 나에게 어떤 것을 강요하거나 눈치를 준 일이 없는데도 내 눈에는 가정 형편이 빤하게 들여다보였고, 그래서 어릴 때부터 최선보다는 차선을 선택하곤 했다. 어쩌면 나는 현실적인 감각을 빨리 배운 것인지도 모르겠다.

삼십 대 초반에 내가 겪은 일은 하도 다이내믹해서 영화 시나리오로 쓰면 몇 편은 나올 정도다. 대학 졸업 후 첫 직장에서 지낸 10여 년은 그야말로 좌충우돌 사건의 연속이었고 내 인생에서 가장 격정적인 시기였다. 나는 조기 졸업 후 모교의 교직원으로 취직했고, 곧 법인 사무실로 파견되었다. 대학에서는 이따금씩 직원들이 법인으로 파견되곤 하는데, 주로 학교 살림살이를 관리하거나 중요한 재정사업을 운영하기 위해 법인과 학교의 일이 연결되어야 하는 경우다. 어느 대학의 법인이든 학교 재정을 넉넉히 지원하는 것이 중요한 일인데, 당시 우리 대학 법인도 다양한 수익사업을 발굴해서 지원책을 마련하느라 신사업들을 일으키고 있었다. 외국어에 특화된 대학으로서 장점을 살려 외국 교류나 어학원 설립 등의 사업을 진행했고 나도 그 진행 인력으로 투입되었다.

당시 대학의 일은 대부분 단조로운 행정에 가까웠는데, 나는 대학 직원임에도 수익사업 개발이라는 독특한 이력을 갖게 되었다. 학생 시절에는 영어 학원비가 모자라 늘 아쉬웠는데, 어학원을 설립하고 프랜차이즈 사업을 추진하면서 어학원 1호점에서 근무하게 되었다. 더구나 외국인 강사들과 업무를 하게 되어 그토록 아쉬웠던 영어 수업이 공짜로 해결된 셈이니 내게는 행운이 아닐 수 없었다.

그러나 행운의 시간은 아주 잠시였다. 불과 1년 남짓 후 법인에 비리 사건이 터졌고, 나는 법인에서 일했다는 이유로 어이없게 파면 처분을 받았다. 겨우 스물여덟 살에 파면이라니, 인생이 송두리째 무너지는 느낌이었다. 억울하다는 생각 때문에 노동위원회에 제소하고 행정소송까지 불사한 끝에 몇 달 후 복직이 되었다. 파면당한 후에 다시 사무실로 출근한다는 것이 그다지 유쾌한 일은 아니었다. 더구나 대기발령으로 두어 달을 기다린 끝이어서 내 마음속에는 억울함과 원망이 가득했고 누군가를 마주할 용기가 나지 않아 더더욱 내키지 않았다. 하지만 무너질 대로 무너진 내 자존감을 세우기 위해 끝까지 버텨보기로 마음먹었다.

한참 지난 후에 깨달았지만, 이때 나는 세상을 사는 법에 대한 훈련을 혹독하게 받은 것 같다. 우리가 살아가는 현실은 교과서에서 배운 내용과는 매우 다르다. 처음에는 내가 겪은 모든 어려움을 주변 사람들과 환경 탓으로 돌렸던 것 같다. 최소한 나 자신만은 정의롭다고 생각했다. 적어도 옳다고 믿는 편에 서 있었기 때문에 내가 당하는 부당한 일들을 받아들일 수 없었다. 내가 속한 편을 비난하는 사람들을 탓하고 그들에 맞서 목소리를 높였다.

그러던 어느 날, 내가 잘못 알았던 게 있다는 사실을 깨달았다. 잘 알지도 못하면서 마치 모든 것을 알고 있는 양 오만방자하게 구는 것이 얼마나 부끄러운 일인지 뼛속 깊이 느낀 순간이었다. 나의 상처만 바라보면서 다른 사람 탓을 하는 옹졸한 내 모습이 눈에 들어왔다. 세상에 참 무서운 것이, 자신이 무지하다는 것을 깨닫지 못하는 상태라는 것을 인정할 수밖에 없었다.

다시 겪고 싶지 않은 '바로 그 경험'들로 인해 나의 진짜 모습을 바라볼 수 있었다. 이후의 나는 조금 달라졌다. 나 자신에게는 더 엄격해졌고 생각은 좀더 유연해졌다. 선택은 신중해졌고 언행에는 좀더 주의를 기울였다. 좌절과 고통은 내가 다른 사람의 목소리에 귀 기울이도록 해준 훈련이었다.

승자 없는 싸움,
그리고
결단

나는 별명이 몇 개 있다. 적토마, 불도저, 불독……. 대체로 비슷한 인상을 주는 단어들이다. 거침없이 일을 밀어붙이는 면모를 긍정적으로 표현하는 것이기도 하지만, 한편으로는 지나치게 집요하고 고집스럽고 억척스럽다는 말의 다른 표현인지도 모르겠다. 강점과 약점은 항상 동전의 양면과도 같아서, 잘 쓰면 좋은 도구가 되지만 그렇지 않으면 때로는 자신뿐 아니라 상대까지 다치게 하기도 한다.

나의 업무 중에 동문 관리와 기부금 모금이 있었다. 나는 부당하고 억울한 일들을 겪으면서 타인의 말을 경청하고 그들의 아픔에 공감하는 능력이 커진 것 같다. 이러한 면모는 모금을 하는 업무에 꽤 도움이 되었다. 게다가 내 인생에서 가장 쓸모없는 선택이었다고 생각한 영어가 큰 도움이 되었다. 우리나라에는 아직도 모금 관련 서적이 많지 않지만 그때는 국내에서 정보를 얻기가 어려워 미국 등 외국 서적을 통해 관련 지식을 얻어야 했는데, 이때 영어가 도움이 된 것이다. 더구나 동문 중에는 미주에 거주하는 이도 많으니 영어는 사실 모금 업무를 하는 데 필수 요소였던 것이다.

이렇게 차츰 안정을 찾고 업무에도 익숙해질 무렵, 나는 내 삶에 다시없을 충격적인 사건에 또다시 휘말리게 된다. '파업'이라는 집단행동에 참여한 것이다. 어떠한 상황은 사람을 움직이는 강한 추동력이 있다. 같은 일터에서 함께하던 비정규직 동료들의 해고 때문에 발생한 파업에 참여하게 된 것이다.

과거에 억울한 일로 직장에서 쫓겨나는 일을 겪은 탓인지, 비정규직이라는 이유로 부당하게 해고되는 사람들에게 크게 공감했고, 많은 이들과 함께 파업의 대열에 참여하게 되었다. 그런데 막상 파업이라는 것을 해보니 가끔 뉴스에서 보던 것과는 그 상황이 너무 달랐다. 실제 당사자들의 고통은 무엇과도 비교할 수가 없었다. 집단행동 속에 충돌이 발생하고 누군가의 가정이 무너지고 관계가 깨어지고 신뢰가 주저앉았다. 1년여의 시간을 그렇게 보내면서 나 역시 지쳐가고 있었다. 피폐해진 내 영혼에 다소 위로가 되었던 것은 그 당시에 읽은 책들이었다. 책 속 이야기들은 나를 다독이기도 했지만 한편으로는 어떻게 살아야 할 것인가 하는 문제를 더 깊이 고민하게 했다.

이때 얻은 교훈이 있다. 목적은 수단을 정당화하지 않는다는 것, 어떤 중대한 이유가 있어서 선택한 행동이라 할지라도 그 결과에 대해서는 스스로 책임을 져야 한다는 것이다. 동기가 아무리 좋다고 해도 책임질 수 없는 행동에는 더욱 신중해야 하며, 어떤 경우에는 행동하지 않는 것이 더 좋을 수도 있다는 것을 배우는 데 큰 수업료를 지불한 셈이다.

파업은 끝났고, 승자는 없었다. 공식적으로는 승자가 있었다. 하지만 많은 이의 삶이 파괴되고 상처만 남았을 뿐이다. 모두가 패자였다. 나 역시 참담한 마음을 안고 스스로 패자임을 받아들였다.

나는 사표를 냈다. 그리고 그간의 모든 관계를 정리했다. 고마운 사람, 원망했던 사람, 서운했던 사람, 누구 할 것 없이 모두에게 감사한 마음을 전했다. 내가 떠나기로 결정한 가장 중요한 이유는, 앞으로는 지금처럼 살지 않겠다는 강한 의지였다. 지금껏 한 번도 세상이 나에게 우호적인 때가 없었다는 생각이 들었고, 또 앞으로도 계속 그럴 것이라는 생각이 들었다. 하지만 그건 그대로 받아들이면 되는 거였다. 환경을 탓하며 내게 주어진 시간을 낭비하고 싶지 않았다. 안정적인 직장과 동료, 익숙한 환경, 내가 의존하고 있던 모든 것으로부터 떠나야 한다는 생각뿐이었다. 당장은 잃을 것이 많겠지만 앞으로 살아갈 시간과 내가 누릴 자유를 생각하면 안정적인 직장으로 인해 얻었던 생활의 편안함 정도는 포기해도 좋겠다 싶었다. 나는 이제 겨우 서른 중반이었다.

펀드레이저, 착한 이들의 꿈을 꽃피우다

보통은 직업을 선택할 때 보수가 넉넉하거나 정년이 보장된 안정된 직업을 선호한다. 힘들고 고생스러운 일보다는 품위를 유지하고 돈 걱정은 안 해도 되는 일을 하고 싶어 한다. 누군가는 벌이는 많지 않고 조금 수고스럽더라도 자신의 신념과 부합하고 추구하는 가치를 실현할 수 있는 일을 선택한다. 막상 그 직업을 갖기 전에는 그 만족감이 생각과 다를 수 있다는 것을 미처 알지 못한다.

변호사나 검사, 또는 감사나 회계사 등 소위 '사' 자가 들어가는 직업 종사자들은 성공한 인생의 대명사로 여겨진다. 그런데 우연히 그들의 일상을 마주하는 경험들을 하게 되면서 나는 그들의 삶이 사람들의 상상만큼 꼭 행복하기만 한 것은 아니라는 생각이 들었다.

2000년대 초반 어느 해에 내가 몸담고 있던 기관의 연구비 사용과 관련한 비리에 대한 고발이 감사원에 들어갔고, 감사원에서는 감사반을 꾸려 집중적인 조사를 시작했다. 나는 고발 대상은 아니었지만 정황 정보를 많이 가진 사람으로서 감사반을 자주 만나게 되었다. 언제나처럼 나는 그날 아침에도 흔히 다방커피라고 하는 믹스커피 두 잔을 타서 친근한 인사와 함께 감사반에 한 잔을 건넸다. 감사반은 예의 무표정한 얼굴로, 그 '굿모닝'이라는 인사의 뜻 외에는 '아무 의미 없는 커피 한 잔'을 금지된 것이라며 받을 수 없다고 했다.

그제야 나는 감사반이 주로 만나야 하는 대부분의 '고객'은 '취조를 해야 할 대상'이라서 인간적인 감정을 쌓기 어려운 자리라는 것을 인식했고 커피를 내민 손을 거두었다. 매일 직업적으로 범죄, 분쟁, 고발과 고소, 책임과 시비를 다뤄야 하는 사람들은 그만큼 감정 소모가 크고 타인과 편안한 관계를 맺기 어려울 수 있다.

사업가나 회사에서 영업을 하는 사람들은 어떨까. 성공가도를 달리고 있는 친한 지인들과 만나 대화하다 보면 고급 승용차에 비싼 양복, 골프와 여행, 새로운 비즈니스 기회에 대한 이야기가 주를 이룬다. 늘 분주하게 사람을 만나면서 쉴 새 없이 사업을 성사시키는 한 친구와 저녁식사 시간을 가진 적이 있다. 친구는 "여태껏 전쟁같이 살았는데 앞날을 생각하면 더 열심히 뛰어야만 해. 화려하게 보여야 사업 기회가 늘어나니까"라며 속마음을 솔직히 털어놓았다.

그럼 펀드레이저라는 직업은 어떤가. 기부금을 모으는 사람이라니 우리나라에서는 참 생소한 직업 중 하나다. 언뜻 보기에 실속도 없어 보인다. 일을 하던 초창기에 만나는 사람들에게 직업을 소개할 때 참 힘들었다. 무슨 일을 하냐고 물을 때 펀드레이저라고 답을 하면, 열 중 아홉은 "아, 펀드매니저요! 돈 많이 버시겠어요"라고 한다. 물론 펀드레이저도 돈을 많이 번다. 하지만 여기서 돈을 많이 번다는 의미는 사뭇 다르다.

이 펀드레이저라는 것은, 직업으로서 소개된 적이 거의 없고 잘 드러나는 일도 아니다. 누군가 앞서서 알려진 사례가 있는 것도 아니다. '누군가의 돈을 공짜로 얻어내야 한다'는 설정 때문에 다소 피곤한 직업처럼 생각되기도 한다. 사회에 꼭 필요로 하는 일들을 위해 모금을 하는 일이 직업으로는 잘 와닿지 않는다고 한다. MBTI 테스트(심리유형검사)에서, 펀드레이저라는 직군의 사람들은 버락 오바마나 오프라 윈프리, 마틴 루터 킹 같은 정의로운 사회운동가 타입이라고 할 때 자부심을 느끼는 정도 외에는 딱히 좋아 보이는 것이 없다.

펀드레이저는 남을 도울 마음이 있는 선한 사람을 찾아다닌다. 또 펀드레이저를 찾는 사람 또한 선한 마음을 가진 사람들이다. 만나는 사람들이 주로 '좋은 의도를 가진 매우 폭넓은 영역의 사람들'이니 대부분의 대화는 마음이 따뜻해지는 내용이다. 기부는 주는 사람과 받는 사람 모두에게 아름답고 감동적인 경험을 선사해준다. 당연히 그 둘을 이어주는 펀드레이저 역시 마음이 따뜻해짐을 함께 누린다. 만나면 즐거운 사람이 대부분이다. 얼굴 찌푸릴 일이 거의 없고, 칭찬과 감사와 존경의 말들이 오간다. 어디 그뿐인가. 기부자에게는 배울 것이 참 많다. 남을 위해 자기 재산을 나누고자 하는 사람들에게는 돈도 있지만 마음의 여유와 배려심도 있다.

펀드레이저는 스스로 빛나는 직업이 아니다. 기부자를 통해 존재한다. 기부자가 없으면 펀드레이저도 없다. 마치 그림자 같다. 사회에 옳은 일을 하고자 하는 사람들은 스스로 목소리를 크게 내지 않는다. 보이지 않는 곳에서 묵묵히 실천하고자 한다. 다만 마음이 있어도 혼자서 하기 어려울 때는 누군가의 도움과 협력의 손길이 필요하다.

펀드레이저는 선한 뜻을 가진 사람들이 하고자 하는 일과 그들의 관심사에 귀 기울이고, 그 목적을 이루기 위해 안내하는 역할을 한다. 기부자의 선한 꿈을 이루어주는 '드림 브로커'라 하겠다. 그런데 그 꿈을 이루는 방식은 사회에서 필요로 하고 또 인정되는 방식이어야 하기 때문에, 펀드레이저의 핵심 역량은 기부금이 투명한 방식으로 목적에 맞게 쓰이도록 하는 데에 있다. 청지기 사명stewardship에 기반한 판단력을 갖추는 것이 무엇보다 중요하다. 사회의 정의正義, justice와 기부자를 이해하지 못하면 펀드레이저는 제 역할을 수행할 수 없다.

펀드레이저에게 요구되는 두 가지 기본 역량이 있다. 하나는 모금 관련 업무에 대한 전문성이고 다른 하나는 윤리성이다. 일단 돈을 모으지 못하는 펀드레이저는 이미 펀드레이저가 아니다. 또 윤리적이지 못한 펀드레이저는 사기꾼이 될 가능성이 높다. 기부자의 의도는 안중에도 없고 그저 돈만을 목적으로 기부자의 환심을 사려고만 하는 사람은 좋은 펀드레이저가 아니다. 기부자의 의도를 가장 잘 실현할 수 있도록 구체적인 계획을 세울 수 있어야 한다. 그의 바람과 사회의 필요를 조화롭게 매칭할 수 있어야 한다. 돈을 얻기 전에 먼저 기부자의 생각을 충분히 경청하고, 그와 함께 꿈꿀 수 있는 것을 진지하게 상의한다. 기부자의 꿈을 사회에서 아름답게 꽃 피워주는 드림 브로커야말로 최고의 펀드레이저이다.

모금 활동과 리더십

펀드레이저의 활동은 기부자들의 생각과 행동에 영향을 준다. 소비자가 구매에 불만족해서 환불을 요구하면 판매자는 환불을 해주면 된다. 그걸로 상황은 끝이다. 하지만 기부는 단순히 물건을 거래하는 것과는 다르다. 보이지 않는 가치를 다루는 일이다.

모금을 하는 사람은 분명한 철학이 있어야 한다. 어쩌다 기부자를 잘 만나서 한 번 기부 받고 끝내는 것이 아니다. 펀드레이저와 기부자는 평생을 함께 가야 하는 동반자적 관계다. 철학이 없는 펀드레이저는 돈만 좇는다. 그 돈을 가진 사람을 보는 것이 아니라 오로지 돈만 본다. 그렇게 해서 모금에 성공하면 어떤 의미가 있을까. 기부자가 애초에 품은 고결한 가치는 어떻게 되는가.

펀드레이저가 기부금을 요청할 때는 그 동기와 목표가 명확해야 한다. 우리 사회에는 항상 혼자 힘으로 해결할 수 없는 결핍이 있다. 당장 누군가는 기본적인 의식주조차 해결이 어려울 수 있고, 누군가는 갑자기 큰돈이 필요한 질병에 걸렸을 수도 있다. 국가기관의 도움을 받을 수 있는 경우도 있지만 모든 문제를 국가가 해결해줄 수는 없다. 그래서 민간에서 재단이나 사단법인을 세워 그런 결핍을 조금이나마 채우려 노력한다. 펀드레이저는 사람들에게 이러한 일에 함께 동참해주기를 호소하는 사람들이다.

모금을 하는 일은 어렵다. 타인을 위한 선의에서 하는 일이지만 모르는 사람들에게 돈을 달라고 해야 하는 일이 쉬울 리 없다. 돈을 얻으려면 그 돈을 쓰고자 하는 일에 대한 공감대를 먼저 형성해야 하고 우리 사회의 문제를 이해시켜야 한다. 차라리 내 돈을 내는 게 쉽지 남의 돈을 받는 것은 정말 어렵다. 시민의식이나 공동체 의식이 있는 사람들은 쉽게 반응하지만 보통의 사람들에게 기부는 부담이고 어떤 이는 낭비라고 여기기도 한다. 더구나 대부분은 여유가 있는 사람들이나 하는 일일 뿐이라고 여긴다. 그럼에도 불구하고 펀드레이저는 끊임없이 요청하고 또 요청한다.

모금을 잘하려면 웬만큼 뻔뻔해서는 안 된다. 한 건의 모금을 하기 위해서 수십 번의 실패를 거듭할 수 있다. 펀드레이저 교육에서 가장 중요한 것이 요청이라고 강조하는 이유다. 자기와는 별 관련도 없어 보이는 사회문제의 해결과 어려운 처지에 놓인 사람들을 위해 기부를 해달라고 상대를 설득하는 일이 만만할 리가 없지 않겠는가.

미국 사립학교에서는 학생들에게 모금을 시킨다. 아직 열 살에서 열여덟 살의 청소년들에게 축제나 야외 활동을 할 때 모금 행사를 벌이도록 한다. 예를 들어 학교에서 디즈니랜드 견학을 가게 되면 아이들이 각자 부담해야 하는 약 70~80달러의 경비를 모금을 통해 마련하도록 하는 것이다. 아이들은 음료나 초콜릿, 사탕을 팔거나 여러 놀이 도구의 사용료를 받아서 기부금을 모금한다.

학교에서 모금을 시키는 진짜 이유는 뭘까. 그건 단순히 당장 자신에게 필요한 돈을 마련하는 방법을 알려주는 것이 아니다. '어떤 사안이 있을 때는 모금 활동을 통해 기금을 마련할 수 있다'라는 사실을 인식하도록 하는 것이다. 이렇게 해서 모인 기금은 학교 운영비에도 일부 충당하고 지역사회에 도움이 필요한 곳에 기부하기도 한다. 모금과 관련된 모든 과정 및 경비 처리는 공식적으로 공개하고 투명하게 관리한다.

미국의 사립학교는 재정적으로 여유가 있다. 그런데 왜 이렇게까지 모금 훈련을 시킬까. 모금을 하려면 상당한 훈련이 필요하다. 기금 모금을 하기 위해서는 그 일에 책임감이 있어야 하고, 동기와 목표 설정도 분명해야 한다. 스스로 기획하고 자발적으로 참여해야 한다. 이렇게 어려서부터 훈련받은 사람들은 나중에 어떤 공익을 위한 구상이 떠올랐을 때 자연스럽게 모금 활동을 펼칠 수 있다. 혼자 힘으로는 할 수 없는 일을 실현할 수 있는 방법 중 하나를 어린 시절부터 자연스럽게 습득하는 것이다.

모금 활동 체험은 리더십 훈련이다. 모금 활동을 경험해본 사람들은 나중에 사회에서 어떤 문제가 생겼을 때 뒷짐 지고 쳐다보는 일이 없다. 손수 앞장서서 팔소매를 걷어붙이고 나서 주변 사람들에게 함께 문제를 해결하자고 호소한다. 또 재정적 여력이 있는 사람들을 수소문해 그들을 찾아가서 적극적으로 후원을 요청한다. 이들이 진짜 펀드레이저다.

모금은 리더십이 없으면 잘할 수 없다. 리더는 자신만 생각하는 사람이 아니어야 하고 남을 책임지는 사람이다. 대통령은 자신과 가족보다 나라와 국민을 우선으로 해야 하고, 국회의원은 자기 잇속보다는 지역발전과 지역민의 삶을 보살펴야 한다. 자기 앞가림도 못하는 사람이 리더가 되면 권력을 남용하게 된다. 어릴 때부터 자신의 역량을 개발하는 동시에 타인을 위해 목소리를 낼 수 있는 사람으로 훈련받은 사람이 리더가 된다.

타인과 사회를 돌아보고 자신을 희생할 수 있는 사람은 일단 리더의 자격을 갖췄다. 부모로서 자녀를 사회의 리더로 키우고 싶다면 그와 같은 가치를 가르쳐야 한다. 어릴 때부터 모금의 의의를 가르치고 직접 참여해보게 하라.

이 돈을 어떻게 버셨습니까

모금을 잘하는 사람은 질문을 잘하는 사람이다. 또 하나의 비결은 공감empathy 능력이다. 과연 어떤 직업에서 공감을 중요한 역량으로 꼽을 것인가? 물론 공감을 잘하는 사람은 타인의 마음을 쉽게 얻을 수 있기 때문에, 공감은 사람 사이의 모든 일에 필요한 덕목으로 손꼽히곤 한다. 그렇다고 실제 일 진행에 있어 공감 능력이 반드시 필요한 경우는 그리 많지 않을 것이다. 공감을 위해서는 상대방의 말과 처한 상황에 대한 충분한 이해가 선행되어야 한다. 그 후에 그의 마음과 입장에 동의할 수 있어야 한다. 역지사지의 입장에서 바라봤을 때 상대를 충분히 이해할 수 있어야 공감의 감정이 일어날 수 있다. 공감 능력은 아무래도 다양한 경험을 해본 사람에게 유리한 감정일 것이다.

나 역시 지난 시간 겪은 고통과 고난의 경험들로 인해 타인을 조금 더 이해할 수 있게 되었다. 이 일을 본격적으로 시작하기 전에는 지난날 겪은 일들이 무의미하고 그저 상처로만 생각되었는데, 오히려 지금은 그 시간들이 가장 의미 있는 시간이었음을 깨닫게 되었다.

아이를 유산한 경험이 있어서 같은 일을 겪은 사람의 이야기에 함께 눈물을 흘릴 수가 있다. 단칸방에서 온 식구가 연탄가스에 중독되어 병원에 실려 간 경험이 있기 때문에 비좁은 공간에서 서로의 온기로 견디는 이들의 마음을 짐작할 수 있다. 돈이 없으니 학업을 계속하려면 악착같이 공부해서 장학금을 받아야 했고, 아르바이트를 해야만 생활을 꾸릴 수 있었기에 장학금이 절실한 대학생의 마음을 알 수 있다. 한때 직장에서 바닥까지 떨어진 경험을 한 덕에, 돈을 벌기 위해 자존심도 버리고 이를 악물고 궂은일을 마다하지 않았다는 기부자의 이야기에 함께 눈물 흘릴 수 있었다.

모금을 하려는 사람 중 상당수는 기부자를 처음 만나면 보통은 그들의 돈에만 관심을 둔다. 그 돈을 모은 사람의 스토리에는 관심이 없다. 하지만 진짜 중요한 것은 그 사람, 그 돈의 스토리다. 스토리를 알려면 그 돈이 어떤 돈이기에 기부하려 하겠는가에 대한 질문이 필요하다. '자수성가'라는 네 글자 안에는 환경과 자신을 극복하고 보통 사람이 하기 어려운 일을 해낸 인간의 서사시가 들어 있다. 그런 삶을 살아온 사람이 왜 어렵게 번 돈을 남에게 내주는가? 그들이 주는 돈은 펀드레이저에게 주는 돈이 아니다. 펀드레이저가 아무리 착하게 생기고 믿음이 가는 사람이며 자신의 말을 잘 들어주고 친근한 태도를 취한다고 해서 그 피 같은 돈을 그냥 내줄 리는 없다. 오랜 시간 나는 이런 의문을 가지고 혼자 속으로 묻고 또 물었다. 사람들은 왜 기부하는가?

나는 기부자들에게 더 열심히 묻고 더 열심히 들었다. 왜 기부를 하게 되었는지, 어떻게 돈을 모아왔고 어떤 삶을 살아왔는지에 관심을 가졌다. 기부 상담을 하다 보면 기부 자체에 대한 의사결정은 상대적으로 간단하게 이끌어낼 수 있다. 농익은 모금 경험을 바탕으로 상세하게 만들어둔 체크리스트대로 기부자와 내가 챙겨야 할 것들을 확인하고 기부 계약서에 빠짐없이 담기만 하면 된다. 오히려 상담 시간의 대부분은 기부자의 이야기를 듣는 데 쓰인다. 처음에는 한 시간이면 충분할 줄 알았는데, 실제 기부 상담을 해보면 최소 서너 시간이 걸린다. 그 시간을 쓰고도 헤어질 때는 늘 아쉬워한다.

잘 들어야 기부의 가치를 극대화할 수 있다. '드림 브로커'로서 누군가의 소중한 돈이 가치 있게 쓰이게 하기 위해서, 또 자신의 수고와 노고를 기꺼이 남을 위해 내어준 이들의 꿈을 극대화해서 실현시켜주기 위해서는, 그들의 이야기에 귀 기울여야 한다. 펀드레이저가 관심을 가져야 할 것은 누군가의 재산 총액이 아니라 그것을 일군 사람의 이야기다.

밑밥이 좋아야
고기를 낚는다

10년도 더 된 이야기다. 한 기부자와 대화하던 중에 기부자가 갑자기 "돈을 어떻게 버는지 알아?"라는 질문을 했다. 돈 버는 방법을 알려줄 것 같아 귀가 솔깃해서 듣게 되었다.

그 기부자는 한국전쟁 때 고아가 되었다. 먹고살 요량으로 양평 들판의 밭에 심겨 있던 배추를 뽑아다 장에 내다 팔려고 달구지에 싣고 언덕길을 넘어가는데 빼빼 마른 열세 살 어린아이의 힘으로는 역부족이었다. 하지만 그 언덕을 넘어갔다. 어떻게 넘었을까? 지나가는 아저씨, 아줌마 들에게 배추를 한 포기씩 주면서 밀어달라고 했다는 것이다. 세상에 공짜는 없는 법이니까.

얼마간 돈을 번 후에는 밀가루 장사를 시작했다. 예전에 먹을 것이 귀했을 때 밀가루 도매상은 꽤나 돈을 잘 버는 직업이었다. 장사를 잘하려면 좋은 물건을 많이 확보해야 하는데 그러려면 공급처를 잘 관리해야 했다. 당시에는 물건을 받고 대금을 현금으로 전달했는데, 기부자에게 봉투를 건네받은 공급업자들은 봉투에서 돈을 꺼내 세어보고는 늘 싱글벙글하면서 돌아갔고, 좋은 물건이 생기면 기부자에게 가장 먼저 연락을 주었다. 기부자는 늘 아무 말 없이 자신이 얻은 이익 중에서 조금씩 더 챙겨서 봉투에 넣었던 것이다. 원래 받기로 한 돈보다 늘 더 받은 공급자들은 당연히 좋은 물건이 생기면 기부자를 최우선으로 생각해주었다.

"고기를 낚으려면 밑밥이 좋아야 해. 밑밥도 안 챙겨 가서는 고기를 잡겠다고 하면 어불성설이지"라며 세상 사는 지혜를 한 수 가르쳐주었다. "기부금을 얻고 싶으면 부지런히 뛰어다니고 기부자가 원하는 것보다 조금 더 많은 일을 해주면 돼. 세상에 절대로 공짜는 없어." 나는 다시 한 번 이렇게 되뇌어보았다.

부자들은
같은 습관이 있다

그동안 만나본 부자들에게는 공통점이 있었다. 꼭 필요한 곳이 아니면 돈을 거의 쓰지 않았다. 지독할 정도로 움켜쥐고 쓰지 않아야 돈이 모인다고 입을 모아 이야기한다. 쓰고 싶은 만큼 다 쓰면 절대로 돈은 모이지 않는다고 강조한다. 그렇게 안 쓰는 것이 습관이 되어 이제는 강남에 건물을 몇 채나 가지고 있는데도 여전히 돈을 잘 못 쓴다고 한다. 또 그들은 우연히 떼돈을 버는 일은 없다고 단언한다. 그건 환상일 뿐이다. 돈에 대한 태도, 습관이 중요하다고 하나같이 입을 모은다.

미국 캘리포니아의 뉴포트 비치에 위치한 세계적인 투자회자 핌코의 빌 그로스와 네브래스카주 오마하에 위치한 버크셔해서웨이의 워런 버핏은 소위 '아웃 오브 월스트리트'이면서 최고의 투자자로 유명한 인물이다. 주식을 전혀 모르는 사람도 '오마하의 현인 워런 버핏'에 대해서는 한 번쯤 들어봤을 것이다. 투자가 버핏의 성공 요인을 분석한 이들은 그 개인의 성격과 성향, 투자 원칙, 그리고 경제 상황과 운이 모두 다 작용했다고 해석한다. 그런데 특이하게도 몇몇 전문가들은 특히 '아웃 오브 월스트리트'가 그의 객관적이고 고집스러운 투자 원칙을 지키게 해준 주요 원인이라고 꼬집어 말한다. 워런 버핏의 아들 피터 버핏 또한 "아버지가 월스트리트에 계셨다면 지금과는 완전히 달랐을 거예요. 다른 사람들과 똑같이 할 수밖에 없었을 테니까요"라고 강조한다.

주식투자를 잘하려면 월스트리트에서 빠르게 돌아가는 시장 정세를 파악하고 다양한 정보를 교류하면서 민첩하게 반응해야만 할 것 같다. 또 주류에서 멀어지면 뭔가 불리할 것 같다는 생각이 들기도 한다. 누군가는 돈을 버는 정보가 가득한 투자회사와 은행이 즐비한 곳에 들어가기만 해도 큰돈을 벌 수 있을 것 같다고 착각한다. 하지만 그런 환상의 세계에 발을 잘못 들였다가는 부자가 되기는커녕 빚더미에 올라앉을 수 있다. 자신만의 라이프스타일을 유지하면서 적은 비용으로 고효율을 누리되 자신만의 원칙과 습관을 견지하는 것이 중요하다. 남들이 하는 대로 따라해서는 안 된다는 이야기다. 내가 만난 기부자들 중에 자수성가해서 일군 모든 재산을 기부한 사람들도 이와 비슷한 이야기를 했다.

기부자들은 기부를 하기 전에 기부금의 운용 및 관리 방식과 사용 계획, 기부자에 대한 예우 등에 관해 밀도 높은 상담을 하게 된다. 기부금을 받는다고 해서 기관이 마음대로 사용하는 경우는 거의 없다. 소액 기부도 꼭 필요한 곳에 쓰일 수 있도록 미리 설계해둔 프로그램에 투입되며, 고액 기부는 기부자와 상의해서 여러 조건을 정하는 경우가 많다.

상담을 할 때 기부자의 집이나 가까운 카페에서 만나게 되는데 이때 내가 알게 된 공통된 특징이 있다. 기부자들은 커피나 밥을 먹는 데 돈을 쓰고 싶어 하지 않는다는 것이다. 미팅을 위해 어쩔 수 없이 카페를 이용하기는 하지만 되도록 주문을 적게 하려고 한다. 한 번은 네 명이 미팅을 하는데, 음료를 주문하면서 한 잔만 시켜서 종이컵에 네 개로 나눠달라고 하다가 종업원이 거절하자 하는 수 없이 자신의 음료만 빼고 석 잔을 시킨 이도 있었다. 밥을 먹을 때도 비슷하다. 10억 원이나 50억 원을 기부하는 사람이라면 고급스럽고 분위기 좋은 식당에서 손님 대접을 할 거라고 생각하는데 대부분은 간단한 반찬이 나오는 식당으로 간다. 그 상황에서도 그들은 항상 가격 대비 효율을 따진다. "이 정도 가격에 이만큼의 찬이 나오는 것은 상당히 괜찮은 거예요"라는 말도 잊지 않는다.

나는 부자가 되는 습관에 잘 훈련되어 있지 않다. 하지만 오랫동안 그런 분들을 만나다 보니 이제는 부자가 될 능력을 가진 사람과 그렇지 않은 사람을 분간할 수는 있을 것 같다.

써야 할 돈과 쓰지 말아야 할 돈

사람들은 돈 버는 일에 관심이 많다. 하지만 돈에 관심이 많다고 다 돈을 잘 버는 것은 아니다. 오히려 돈에 집착하는 사람은 돈에게 배신당하는 경우가 많다. 부자가 삼 대를 못 간다는 말이 있다. 돈을 벌기는 지극히 어려운데 흥청망청 써서 없애는 것은 순식간이어서 선조가 어렵게 모아놓은 돈을 후대가 지키지 못하는 일이 태반이라는 말이다. 돈을 직접 벌어본 사람이 돈을 지킬 줄 알고, 자기 힘으로 돈을 벌어본 경험이 없는 사람은 돈을 지키지 못한다는 뜻도 된다.

돈을 잘 버는 사람들은 돈을 잘 이해하고 다룰 줄 아는 사람들이다. 지혜로운 부모는 돈 버는 법을 가르치는 것이 아니라 돈을 절약하고 아끼는 법을 가르친다. 지출을 통제하는 것은 몸에 밴 생활습관이고 훈련하지 않으면 잘하기 어렵다.

사람들은 돈에 대해 양가감정이 있다. 돈을 좋아하지만 돈을 좋아한다고 말하는 것은 불편하다. 돈을 추구하지만 돈을 밝힌다는 말은 듣기 싫어한다. 돈을 필요로 하면서도 돈 버는 것에 대해 집중적으로 연구하고 노골적으로 표현하는 것은 어려워한다. 동서양을 막론하고 돈을 금기로 여겨온 풍토는 돈을 알다가도 모를 수수께끼 비슷한 무언가로 만들어놓았다. 로마의 집정관 키케로는 "돈에 대한 욕심을 버려야 한다. 돈을 사랑하는 것보다 더 혐오스럽고 쩨쩨한 정신은 없다"고 했고, 성경에는 "부자가 하나님 나라에 들어가는 것은 낙타가 바늘귀로 들어가는 것보다 어렵다"고 했다. 가난한 것이 미덕이고 돈을 따르는 것은 죄악이거나 혐오스러운 것이라는 인식이 인류 역사에 오래도록 유지된 결과, 돈에 관한 관념을 흐리게 만들고 오히려 막강한 존재로 만들어준 것이 아닌가 싶다.

돈에 대해 유태인은 좀 다른 태도를 보인다. 돈을 기피하거나 죄악시하는 것이 아니라 잘 다루어야 할 것으로 간주한다. 『탈무드』에는 "돈을 버는 것은 쉽지만 잘 쓰기는 어렵다", "가난이 오히려 죄악이고 돈은 악함도 저주도 아닌 인간을 축복하는 것"이라는 표현들이 있다. 유태인 부모들이 어릴 때부터 돈에 대해 잘 관리하도록 자녀들을 엄하게 교육하는 것도 이러한 맥락일 것이다. 돈은 결코 목적이 될 수 없다. 돈은 단지 가치를 표현하는 수단이고 도구다. 많이 가지고 있어도 잘 사용하지 못하면 귀한 것이 아니고, 의미 있게 쓰일 때 비로소 귀한 것이 된다.

성경에도 작은 돈이 가진 큰 가치를 보여주는 장면이 있다. 성전 앞에 놓인 헌금함에 여러 사람들이 헌금을 넣는데 그중에 한 과부가 두 렙돈을 넣는 것을 본 예수님이 그에 대해 누구보다도 많이 넣었다고 말했다. 렙돈lepton은 그리스의 가장 작은 화폐단위로 지금 수준으로 약 500원 정도이며, 로마의 가장 작은 동전 단위인 고드란트의 2분의 1에 해당한다고 한다. 과부의 두 렙돈에 대한 예수님의 언급은 가난한 중에 최선을 다해 헌금한 것이 넉넉한 중에 많은 돈을 드린 것보다 더 크다는 의미로 해석된다.

돈은 가치중립적이지만 사람들이 돈에 대해 갖는 태도는 그다지 중립적이지 않다. 그런데 그 태도에 따라 돈을 다루는 능력은 크게 달라진다. 그러니 돈을 무조건 부정적으로 생각하거나 절대가치로 숭배하는 태도는 바람직하지 않다. 특히 펀드레이저라면 더더욱 그렇다.

돈을 두려워하면 모금을 하기가 어렵다. 모금가에게 돈은 딜레마다. 모금을 하는 이유는 어떤 공익적인 사업을 실행하는 데 필요한 자금을 확보하기 위한 것이다. "반짝인다고 다 금은 아니다All that glitters is not gold"라는 영어 속담이 있다. 영국 극작가 윌리엄 셰익스피어의 희극 『베니스의 상인』에 사용되어서 더욱 유명한 문구가 되기도 했다. 좋아 보인다고 해서 다 좋은 것은 아니라는 말이다. 펀드레이저라면 이 문구는 늘 새겨야 할 말이기도 하다. 돈을 많이 받는 것은 좋은 일이지만 많은 돈이 항상 정답은 아니다. 경우에 따라 거절해야 할 돈도 있고, 필요보다 많은 돈은 악이 되기도 한다. 돈 자체가 목적이 되어서는 안 된다는 뜻이다. 돈에 관한 철학이 명확한 사람은 이러한 원리를 적용하는 것이 어렵지 않지만 돈을 맹목적으로 따르거나 또는 두려워하고 멀리하는 사람에게는 쉬운 일이 아니다. 사람들 중에는 돈에 대해 특별한 철학을 갖지 못한 경우가 많고, 그래서 돈의 유혹에 쉽게 빠진다. 또 그런 사람들은 기부에 대해 거부감을 품기도 한다.

게다가 모금한 돈은 거의 다 목적이 분명한 돈이다. 애당초 기부는 특정 목적을 위해 받는 경우가 많고, 약속한 대로 돈을 쓰도록 하는 것이 모금하는 사람들의 책무이기도 하다. 그런데 돈의 규모에 압도되거나 돈을 받는 것에 집중한 나머지 돈을 쓰는 것에 대한 계획이 없으면 나중에 탈이 나는 경우가 종종 있다. 기부자와 기부금을 받은 기관들 사이에 이따금씩 소송이 생기는 경우는 대부분 돈을 받는 쪽에서 미리 준비하고 계획하지 않았기 때문이다.

돈에 대한 관념이 명확한 사람은 돈을 쓰는 능력도 뛰어나다. 돈을 잘 쓰는 사람들은 쓰는 것에 대한 원칙이 분명한 사람들이다. 써야 할 것과 쓰지 말아야 할 것에 대한 원칙이 있으니 불필요한 지출은 덜 하게 되고 써야 할 돈은 아끼지 않고 쓴다. 그때그때 상황에 따라 이것도 필요하고 저것도 필요하다고 판단하는 사람이라면 원칙이 있다고 보기 어렵다. 기부금을 쓰는 것 역시 마찬가지다. 받은 기부금을 잘 쓰기 위해서는 약속한 목적사업에 맞게 계획을 세우고 그 사용 결과까지도 미리 예측해서 설계한 다음 집행해야 한다. 결국 돈을 잘 쓴다는 것은 미리 원칙을 가지고 있었느냐와 연결이 되는 문제다.

부자들은 돈을 잘 쓸 줄 아는 사람을 알아보는 눈도 있다. 부자들은 불쌍해 보인다고 해서 아무에게나 돈을 주지는 않는다. 기부를 할 때에도 돈을 잘 쓸 줄 아는 곳을 고른다. 그런데 돈을 잘 쓰는 사람을 알아보는 것은 생각보다 쉽다. 돈을 쓴 '티'가 어떻게 나는지를 보면 된다. 같은 돈을 가지고 옷을 사는 사람이 있고, 여행을 가는 사람이 있고, 주택자금 마련을 위해 통장에 차곡차곡 모으는 사람이 있고, 주식투자를 위한 종잣돈으로 활용해서 투자금을 조금씩 불려가는 사람도 있다. 단기적으로는 판단하기 어렵지만 최소한 각자의 지난 몇 년이 어땠는지를 보면 답이 나온다. 지난 3년 동안 어떤 성과와 결과를 거두었는지를 물어보면 그에게 돈을 맡겨도 좋을지 판단이 선다. 돈은 누구의 손에 가느냐에 따라 옷값이 되기도 하고 여비가 되기도 하는 것이다.

기부하는 사람들에 대한 오해

맨 처음 내가 모금을 시작했을 때 사람들이 기부자에 대해 크게 오해하는 부분들이 있었다. 나 역시 그런 편견이 있었다.

첫째, 기부자들은 돈이 많은 사람들이라고 생각한다. 특히 큰돈을 기부하는 사람들은 모두 부자인 줄 안다. 부자의 기준이 무엇이냐에 따라 달라지겠지만 나는 적어도 사는 집 외에 집이 한 채 정도 더 있고 벌이도 안정적이고 좋은 차를 타고 다니는 사람 정도면 부자가 아닌가 생각했다. 그런데 실제 현장에서 만난 기부자들은 그렇게 여유 있게 사는 사람들이 아닌 경우도 많았다. 오래 지나면서 기부자들의 삶을 들여다보았더니 그들이 꼭 돈이 많아서 기부를 하는 것은 아니었다.

기부자의 DNA는 돈의 많고 적음과 아무 상관이 없다. 물론 그 DNA는 선천적이기도 하고 후천적으로 개발되기도 한다. 기부자는 돈이 많은 사람이라기보다는 마음의 여유가 있는 사람이다. 돈이 아무리 많아도 자기 먹고살 궁리만 하는 이들은 기부를 할 줄 모른다. 기껏해야 자기 자식, 가족, 친구, 자기 사업 파트너 정도한테나 돈을 쓸 뿐이다. 생판 모르는 남에게 돈을 쓰는 것은 '아무나' 할 수 있는 일이 아니다. 타인을 생각할 마음의 여유가 있어야 기부를 생각해볼 수 있다. 이런 이유에서 기부자는 어떤 사람이든 존경받을 만하다.

둘째, 기부자는 씀씀이가 헤플 거라고 생각한다. 물론 전혀 근거가 없는 생각이다. 나 역시 이런 착각 탓에 한동안은 잠재적 기부자를 모색할 때 돈이 많아 보이는 사람들을 주요 관심 대상 목록에 올리기도 했다. 쉽게 말하면 국내 100대 기업의 사장님이나 유명한 연예인, 언론에 오르내리고 세간에 화제가 되며 최근에 큰돈을 벌었다고 소문이 난 사람들에 대한 정보를 모으면서 어떻게 기부를 받아볼지에 대해서 고민을 했다. 물론 어리석은 일이었고 출발 자체가 틀렸다.

오랜 시간 수많은 기부자를 만나 상담해보니 그들이 타인을 위해 돈을 기부하기까지의 과정은 결코 단순하지 않았다. 그들은 모두 각자 힘겨운 삶의 시기를 거쳤고, 역경을 극복하기 위해 좌충우돌한 경험이 있었다. 꾸준한 노력과 기지를 발휘한 덕택에 어느 순간 부를 일구기는 했으나 모든 일이 다 행복하거나 만족스러운 것은 아니었다.

셋째, 부자에 대한 편견이다. 기부를 하지 않는 사람들도 기부자에 대해서는 좋게 생각하는 경향이 있다. 그런데 유독 부자들의 기부에 대해서만은 탐탁지 않게 말하거나 너무 당연하게 받아들이곤 한다. 우리나라의 기부문화를 활성화하려면 어떤 노력이 필요한지를 묻는 질문에 "부자들이 기부를 많이 하면 된다"는 식의 답변을 쉽게 하기도 한다. 기부는 부자들이나 하는 것이라는 편견이 밑바닥에 깔려 있는 것이다. 동시에 자신은 부자가 아니라서 기부를 하지 않아도 된다는 면죄부를 주고 있기도 하다. 마치 돈을 많이 번 사람들이 세금을 많이 내야 하듯 기부도 그렇다고 생각한다. 그 사람들이 그 돈을 벌기까지 지독하게 아끼고 수고했을 것이라는 생각은 조금도 하지 않고 일단 가진 돈이 많으면 책임도 져야 한다고 너무 쉽게 말한다.

마음이 그러하니 부자가 기부를 하면 칭찬에 인색하다. 당연히 내놓아야 할 돈을 기부하는데 칭찬할 일이 무엇이냐는 듯한 태도를 아무렇지 않게 내보인다. 이런 마음의 저변에는 아마도 부자는 부자가 되기까지 정당하지 않거나 편법을 썼을 것이라는 편견이 자리하고 있는 듯하다. 어렵게 번 돈을 큰마음 먹고 좋은 일에 쓰라고 내놓았더니 칭찬은 고사하고 욕을 먹거나 당연한 일을 한 것뿐이라는 식의 평가를 받는다면 어느 누가 기부하고 싶겠는가. 생각을 조금만 바꾸면 결론이 달라진다.

돈을 버는 일은 누구한테나 쉽지 않다. 돈을 모아 부자가 되기까지 그 생활습관이 팍팍하고 씀씀이가 여유롭지 않은 것은 당연할 것이다. 또 그 과정에서 수많은 역경을 헤쳐왔을 것이다. 그 어려움들을 버티면서 지혜롭게 살아 부를 일구었다. 적은 돈도 거저 얻은 것은 없었다. 그렇게 해서 번 돈을 남을 위해 기꺼이 내놓는 것이다. 그들이 기부 행위를 통해 칭찬을 기대한 것은 아니지만, 칭찬을 해주는 것이 어쩌면 당연하다. 또 그렇게 칭찬해주어야 다른 이들도 기부에 동참하고자 하는 마음이 들지 않겠는가.

넷째, 기부자는 돈이 많을 테니까 주변에는 사람이 넘칠 것이라는 생각이다. 하지만 기부자는 생각보다 외롭다. 가족과 친지, 그가 속한 공동체 구성원 중에 기부자를 지지해주는 경우는 흔치 않다. 돈의 주인이 그 쓰임새를 결정하는데 오히려 남들이 관심을 더 갖는다. 의외로 가족이나 친지는 기부자의 결정에 서운해하는 경우가 많다. 마치 자신들에게 돌아올 돈이 기부로 인해 엉뚱한 곳으로 갔다고 생각하는 것 같다.

건물 임대관리로 수익을 얻는 어떤 분이 큰돈을 기부한 적이 있다. 한 차례도 아니고 몇 년에 걸쳐 수억 원을 기부했다. 뛰어난 인재들을 지원해서 우리나라 대학의 인문학적 수준을 높이는 것이 평생의 꿈이었던 분이다. 감사한 마음에 기부자를 인터뷰하고 미담 사례로 소개하고 싶다고 말씀드렸더니 기부자는 펄쩍 뛰며 극구 사양했다. 자신이 이렇게 기부를 할 수 있는 것은 악착같이 돈을 모았기 때문인데, 그 과정에서 다른 사람들에게 상대적으로 야박하게 대했다는 것이다. 그러니 그들 입장에서는 자신의 이런 행위가 알려지면 기분이 상할지도 모른다는 거였다. 나는 만감이 교차했다. 그렇게 아껴서 기부를 하는 것이 더 좋을까, 아니면 나와 가까운 사람에게 좀더 나누는 게 좋은 걸까. 선뜻 판단이 서지 않았다.

'무언가에 기여함'의 가치

부모로부터 물려받은 재산의 일부를 집안 전통에 따라 기부하는 사람도 종종 있지만, 기부하는 사람 중 대부분은 자수성가한 이들이다. 그런 그들을 보고 사람들은 어느 정도 살 만하니까 기부를 하나 보네, 라고 생각하곤 한다. 과연 그럴까.

성공한 사람이 기부를 할까, 기부를 하면 성공한 사람이 되는 걸까. 기부는 특별한 사람들이나 하는 것이고 나같이 하루하루 살기 바쁜 사람과는 아무 상관 없다고들 생각한다. 삶이 넉넉하고 여유 있는 사람이나 기부를 하는 거라고 생각하지만, 기부자의 파트너로서 오래 활동해온 내 경험으로는 그렇지 않다. 기부는 돈의 많고 적음에 달려 있지 않다. 기부는 삶의 태도, 즉

'마음의 여유 있음'에 달렸다. 삶이 여유롭든 팍팍하든 간에 그 과정에서 '더불어 살아가는 것', 즉 공존의 중요성을 깨달은 사람들이 기부를 한다.

기부를 상담하는 과정에서 다양한 사회적 스펙트럼 안의 사람을 만난다. 다양한 직업과 연령대의 사람과 삶의 이야기를 만난다. 김밥 할머니에서 자수성가한 대기업 오너까지, 딸을 잃은 부모로부터 장애인 자녀를 둔 부모까지, 장학금이 간절히 필요한 학생에서부터 병든 엄마를 간호하며 어린 나이에 가장이 된 소녀까지, 다양한 기부자와 수혜자의 인생 극복 스토리를 듣게 되고 그 안에서 '기부'라는 방식으로 누군가의 인생 흐름을 바꾸는 현장을 함께하다 보면 매 순간이 감동과 감사 그 자체이다.

출세를 하고 돈이 많아도 마음이 행복하지 못하다면 과연 성공한 것일까. 기부자야말로 성공한 사람이자 행복한 사람인 것 같다. 남을 돌보는 것, 누구나 할 수 있는 일이지만 아무나 못하는 일이다. 자기 문제를 해결하지 못한 사람은 남을 도울 여유가 없다. 자신이 여유가 있어야 남을 돕는다. 즉 남을 도울 여유가 없다고 하는 사람들은 자기 자신도 살기 어렵다는 생각이 깔려 있다. 하지만 기부자의 공통점은 '자기는 (이 돈이 없어도) 괜찮다'는 마음을 가졌다는 것이다.

그럼 이제 말할 수 있지 않을까. 돈이 많아도 자신이 부족하다고 느끼는 사람과 돈은 적지만 자신은 충분하다고 여기는 사람 중에 누가 더 행복할까. 나 아닌 다른 이들의 필요를 해결해 줌으로써, 의도하지 않았지만 그들은 이미 스스로의 가치를 증명한 셈이다. 또한 그들은 '무언가에 기여함'으로 인해 자기 스스로에게 '괜찮은 사람이라는 자부심'을 부여하게 되고, 이런 과정을 통해 기부자는 지금까지 살아온 이유와 앞으로 살아갈 확실한 사명을 확인한다. 이때 기부자는 제임스 안드레오니James Andreoni가 말한 '기부가 주는 따뜻한 느낌warm-glow giving'을 경험한다.

어려운 조건의 사람들이 행복을 일구는 원칙

화목한 가정을 원하지 않는 사람은 없는데 화목한 가정을 찾아보기는 쉽지 않다. 화목함의 핵심은 무엇일까. 몇 년 전 한 잡지에 손석한 정신건강의학 전문의가 '화목한 가정의 비결'이라는 주제로 쓴 글을 읽은 적이 있다. 가정불화로 인해 정신건강 상담을 받은 사람들의 사례를 통해 얻은 인사이트(통찰)를 소개한 글이다.

그에 따르면, 부모의 사랑을 듬뿍 받고 화목한 가정에서 자란 사람은 훌륭한 사회구성원의 역할을 하지만 그 수는 많지 않다고 한다. 보건복지부와 중앙노인보호전문기관이 발표한 '노인학대 현황보고서'(2012년 조사 기준)에 의하면 가해자의 37.3퍼센트가 아들이라고 한다. 학대는 청소년, 부모, 어르신까지 대부분의 사람들에게서 발견되고 이로 인한 정신질환 사례도 갈수록 늘어나는 추세다.

가족은 매우 특수한 공동체라서 구성원끼리 쉽게 뭔가를 요구한다. 또한 가족관계에서는 물질적인 보상보다는 사랑과 인정, 보살핌과 배려, 감사, 헌신, 만족, 행복 등의 정신적 만족을 더 추구한다. 긍정적인 감정뿐만 아니라 슬픔, 분노, 미움 등의 강력하고 깊은 반응도 자주 일어난다. 자녀가 성장함에 따라 관계의 질이 변화하며, 가족 간에 서로 상반되는 감정, 생각, 행동이 공존한다. 엄마를 사랑하면서도 잔소리나 간섭은 거부하고, 아빠를 존경하지만 술버릇은 혐오하며, 가족을 염려하면서도 행동은 마음대로 한다. 개인 문제의 상당 부분은 가족 간의 잘못된 상호작용에서 비롯되며, 가족 간의 의사소통 방식, 가치관, 갈등 해결 방법, 위계질서의 영향을 크게 받는다고 한다. 결국 가족의 친밀도, 화목도, 성숙도 등은 개인의 삶을 지배한다고 해도 과언이 아니다.

가족관계 그 자체를 바꿀 수는 없다. 즉 부모나 형제를 바꿀 수는 없다. 하지만 그 관계의 질은 매우 가변적이다. 자녀의 성장이나 행동 특성에 따라, 부모의 양육 태도에 따라, 부부관계의 질이나 경제 수준의 변화, 기타 가족이 겪는 다양한 사건 등에 따라 원만하거나 화목하거나 갈등이 있거나 의존적이거나, 심지어 적대적이 될 수도 있다. 금이야 옥이야 키운 자녀가 사춘기를 지나면서 반항적이고 이해할 수 없는 언행을 일삼거나 성인이 된 자녀가 늙은 부모를 학대하는 경우도 늘고 있다.

화목한 가정이 부러움의 대상이 되는 것은 그만큼 화목하기가 어렵기 때문이 아닐까. 가정불화는 단지 가족 내의 문제로 끝나지 않는다. 가족을 넘어서서 그 개인적 아픔과 상처가 사회로 표출되고 한 걸음 더 나아가 비윤리적 행동과 범죄로까지 전이되기도 한다.

화목의 핵심이 부부에게 있다고들 말한다. 서로 사랑해서 가족이 되었지만 화목을 유지하기란 여간 어려운 것이 아니다. 화목하고자 하는 마음이 있어도 부부를 둘러싼 주변 환경이 호의적이지 않으면 평안하지 못하다. 부부 간에 대화가 없거나 가치관이나 성격차가 크거나 또는 도박이나 외도, 술버릇 등 배우자가 명확한 잘못을 저지르거나 배우자에게 오랜 질병이 있거나 자녀 양육관이 다르거나, 경제적 관념의 차이나 경제적 어려움 또는 부모나 형제의 부양 문제, 고부 갈등이나 장모와 사위의 갈등 문제, 성 문제, 종교 문제 등 갈등을 일으키는 요인이 너무 많다. 이 중에 한두 가지 문제만으로도 불화가 일어나기에 충분하니 화목을 이루는 것은 그만큼 어려운 일인 것이다. 그럼에도 불구하고 몹시 어려운 형편이거나 외관상 화목하기 어려운 조건을 가진 사람들 중에 화목한 가정을 이루고 주변의 부러움과 존경을 사는 사람들이 있다.

화목한 가정의 부부는 각자 자신들이 먼저 행복하다. 배우자를 존중하며 서로의 다름을 인정한다. 상대의 부족한 점을 탓하기보다 그대로 인정하고 이해하고자 하면서 상대를 위해 배려한다. 강요나 폭언보다는 대화를 선택하고 함께하는 시간을 많이 갖는다. 가정의 모든 일에 공동의 책임을 지며 동반자이자 협력자라는 원칙을 갖는다. 자녀에게 부모가 하나의 원칙을 공유함을 보여주고 가정 안에서의 질서와 원칙과 의무에 대해 명확히 한다. 자녀 중심의 가족이 아니라 부부 중심의 가족으로 살아간다. 부부 간의 원칙, 부모와 자식 간의 원칙은 형제간의 우애와 존중으로도 연결된다. 일상 속에서 만들어진 가족 간의 질서는 가정을 보호하는 울타리가 되기도 한다.

뭣도 없으면서
매일 웃는 사람들

모금을 위한 컨설팅을 하면서 바하밥집bahameal과 김현일 대표를 알게 되었다. 바하밥집은 노숙인을 위한 무료급식소다. 성경에 나오는 '바나바'(자기 재산을 팔아 가난한 인물을 도운 사람)라는 사람의 이름을 따서 '바나바 하우스Barnabas House'라고 한 것인데, '바하밥집'은 '바나바 하우스 밥집'의 준말이라고 한다. 김현일 대표는 지금은 노숙인 사업에서 한 걸음 더 나아가 고립된 청년들의 자립을 위한 리커버리센터까지 운영하고 있다.

그는 자신의 업무 공간과 가족의 공간을 공유하고 있었다. 가족 역시 그의 일터를 경계 없이 넘나들고 있었다. 부부가 시간과 재정과 생활공간을 주변의 모두에게 공개하고 공유할 뿐만 아니라 자녀들도 이런 방식에 기꺼이 동의하고 부모의 뜻을 존중하고 필요한 경우 자신들도 자발적으로 헌신하고 있었다. 하지만 여기에는 일과 가족과 공동체의 관계를 지켜주는 몇 가지 원칙이 존재했다.

김현일 대표 부부가 이렇게 살게 된 뒷이야기가 꽤나 흥미롭다. 서른 전에 김현일 씨는 대구에서 주먹깨나 쓰는 건달이었다. 그러다 어느 날 다른 조직과 싸움이 붙어 폭력 혐의로 경찰 수배를 받게 된다. 그렇게 1995년 겨울 서울에서 도피 생활을 하게 되었는데, 그때 아직 나이 어린 아이들이 추위 속에서 새벽에 신문을 배달하는 광경을 보고 자신이 한없이 부끄러워졌다. 그때 일을 계기로 그는 모 신문사의 배달 일을 시작했고, 거기서 경리 일을 하던 지금의 아내를 만나 동거를 시작했지만 수배 중인지라 혼인신고를 할 수 없었다. 그러다가 1996년 아내가 첫아이를 낳으면서 출생신고 문제가 생겼다. 결국 아이를 위해 두 사람은 혼인신고를 했고 이틀 뒤 경찰이 집에 들이닥쳤다. 다행히 그들의 사연을 들은 담당 형사가 부부의 신원보증을 해주어 기소유예를 받고 풀려났다.

그 후 정말 열심히 살겠다고 다짐했고 닥치는 대로 여러 일을 했는데, 갑자기 터진 IMF는 그를 다시 한 번 곤경에 빠뜨렸다. 아이의 분유값을 벌기 위해 다시 나쁜 일을 해야 하나 싶었지만 가족들 생각에 차마 할 수 없었고 대신 그는 노숙자가 됐다. 아내는 둘째 아이를 임신하고 있어서 친정으로 들어갔다.

1998년 그는 우여곡절 끝에 노숙생활을 벗어나 신촌에서 가스통과 얼음 배달 일을 시작했다. 그때 마침 '귀신 나오는 흉가'라는 소문으로 헐값에 나온 집이 있어서 3,000만 원에 얻었다. 누가 뭐래도 그와 가족이 살기에는 충분히 좋았다. 부부는 신문배달을 하며 아이 셋(딸 둘과 함께 데리고 살던 고아 한 명이 있었다)을 키웠다. 그때 마침 친해진 이웃이 나들목교회의 김형국 목사 가정이었다. 김형국 목사는 '저 흉가에 뭣도 없으면서 복작거리며 매일 웃고 지내는 사람들'이 누군지 궁금했다고 했다. 그는 김형국 목사의 지지와 신앙적 지도에 힘입어 지금까지 자신의 집에서 탈북청소년과 가출청소년을 보살피게 되었다.

2009년 거리에서 떨고 있는 노숙자의 모습에 마음이 움직인 그는 설을 앞두고 무료급식을 처음 시작했다. 자기 주머니를 털어 마련한 컵라면 다섯 개와 빵을 들고 무작정 안암2교 다리 밑으로 갔다. 추운 날씨에 침낭 안에서 떨고 있던 한 사람에게 다가가 컵라면을 건넸다. 그런데 그 사람은 김현일 대표를 힐끔 쳐다보고는 컵라면을 바닥에 부어버렸다. 그때 그는 깨달은 것이 있었다. 사람들은 노숙자를 보고 겁을 내는데 그들은 대부분 마음이 약하고 상처가 있는 사람들이라서 오히려 사람을 무서워하여 어두운 곳에 숨고 경계한다는 것이다. 그들의 마음을 얻는 게 우선이었다. 그래서 한 사람 한 사람을 온 마음을 다해 섬기기 시작했다. 그렇게 마음을 다하며 3년이 지나자 많게는 120명까지 급식소에 와주었다.

김현일 씨 부부는 참 행복해 보였다. 처음에는 그들이 만혼인 줄 알았다. 머리가 희끗희끗한데 풍기는 분위기는 아직 신혼으로 보여 늦게 결혼해 아직 눈에 콩깍지가 벗겨지지 않아서 그런 줄 알았다. 알고 보니 은혼식을 할 만큼 오래 살았고 다 큰 딸이 둘이나 있는데, 아직도 그들 집에는 몇 사람의 타인들(주로 은둔형 외톨이라 불리는 청년들이다)이 동거 중이라고 한다.

이 부부 사이에는 원칙이 있었다. 자신들이 행복해야 아이들도, 동거인들도 행복하다는 것이다. 남편과 아내는 서로를 끔찍이 챙기고 존중한다. 아무리 피곤해도 아침밥은 거르지 않고 함께 먹는다. 자녀들은 밖에서 중요한 일이 있어도 부모의 생신 저녁에는 만사를 제치고 가족과 함께해야 한다.

이 가정은 부부를 중심으로 돌아간다. 여행도 둘이만 따로 간다. 부모가 결정하는 일이면 자녀는 그대로 따라야 한다. 어떻게 보면 자녀들이 뒷전인 것 같지만, 자녀들도 서운해하기는커녕 독립적이면서 부모의 행복을 진심으로 감사한다. 아직 한 지붕 아래 살지만 그 자녀들은 이미 자발적인 선택에 의해 각자 독립적인 사회인이자 공동체의 구성원으로서 협력적으로 지내는 것을 보았다.

연애 잘하는 사람이 알려주는 인생철학

모금을 잘하는 사람들을 보면 연애에 소질이 있다. 우스갯소리처럼 들리겠지만 사실이다. 그들은 낯선 사람도 편안하게 잘 대하고 적절하게 호감을 주고받으며 사람을 알아가는 데 경계가 없다. 금방 만난 사람도 오래전부터 알던 사람처럼 친근하게 대할 줄 안다.

아무리 좋은 일에 쓰이는 기부금이라도 모르는 사람에게 함부로 돈을 내주는 사람은 드물다. 상대방에 대해 어느 정도 알고 신뢰가 쌓여야만 돈거래가 이루어질 수 있다. 관계가 여물지 않은 상대에게 돈 이야기를 꺼내는 이는 미숙한 사람이다. 연애에 빗대자면 만난 지 얼마 되지도 않은 상대가 내 마음에 쏙 든다고 해서 갑자기 결혼하자고 들이대는 모양새이다. 상대방의 마음은 헤아려보지도 않고 무작정 자기 마음만 생각해서 멋대로 프러포즈를 한다면 성공 확률은 얼마나 될까.

상대의 마음을 얻는 일은 시간이 걸린다. 눈에 들어오는 상대가 있으면 먼저 잘 보이려고 노력할 것이다. 호감을 주고 인사를 건네고 이름을 묻고 전화번호까지 얻으면 진도가 꽤 나간 것이다. 이후에 계속 만나면서 서로를 알아가는 데는 시간이 걸리고 비용도 든다. 오래 만났는데 내 짝이 아니라는 생각이 들면 헤어지기도 한다. 오래 만났다고 해서 다 짝이 될 수는 없는 것이다. 또 성급하게 결혼을 하면 탈이 나기 쉽다.

그와 마찬가지로 자기 마음을 제대로 정리하지 못한 상태에서 기부를 결정하면 후회하기 쉽다. 기부는 좋은 일을 하는 것이니 당연히 보람되고 즐거워야 할 텐데 후회스러워지는 것은 왜 그럴까? 충분히 고민하지 않았기 때문이다. 그렇다고 그것이 기부자의 잘못만은 아니다. 결혼이 행복하지 않은 것에 대한 책임이 어느 한쪽에 있지 않은 것처럼 기부가 즐겁지 않은 것에 대한 책임 또한 쌍방에 있다. 서로에게 충분히 신뢰를 주고 소통하면서 관계를 유지해가는 노력이 필요하다.

결혼한 배우자에게 연애 시절보다 더 정성을 들이는 사람은 거의 없다. 연애하던 시절에는 환심을 사려고 그렇게 열심히 노력하던 사람도 결혼을 하고 나면 그렇지 못한 경우가 대부분이다. 밖에서 만나는 사람들에게는 대접도 잘하고 미소도 잘 짓고 따뜻한 말도 선뜻 건네면서 집에만 오면 무뚝뚝해지는 배우자처럼 모금하는 사람도 그런 경향이 있다. 후원을 받기 전에는 조금이라도 더 잘 보이려고 노력하다가도 일단 후원을 받고 나면 사뭇 달라지기도 한다. 물론 계속해서 다른 후원자를 찾아야 하기에 모든 사람에게 같은 정성을 쏟을 수는 없지만 그래도 고마운 마음을 꾸준히 표현해야 한다. 마치 출근길에 서로 주고받은 사랑한다는 말 한마디로 하루 종일 즐거운 연인들처럼 말이다.

돈의 스토리에
귀 기울여라

모금과 인생을 이해하는 것은 닭과 달걀의 관계를 따지는 것과 비슷하다. 모금을 하다 보니 인생을 이해하는 것인지, 사람과 그들의 삶을 이해하기 때문에 모금을 잘하는 것인지 그 선후관계는 여전히 모르겠다. 중요한 것은 기부금을 받는 일이 돈에 관한 일이 아니라는 것이다. 그것은 결국 삶에 관한 일이다.

누군가의 삶을 이해하는 데에 경청傾聽만큼 좋은 것이 없다. 영업을 하거나 마케팅을 하는 사람들이 매우 열심히 배우는 인간관계 기술 중 하나다. 그런데 경청을 잘하는 사람이 의외로 드물다. 사람들은 자기 이야기를 하는 것을 좋아하지 남의 이야기를 듣는 것을 그다지 좋아하지 않기 때문이다.

나는 어릴 때부터 이야기를 좋아했다. 전래동화나 로맨스소설이나 추리소설을 가리지 않고 읽던 때가 있었다. 그래서인지 이삼십 대의 어린 나이에도 연세가 칠팔십이 되는 어르신들의 이야기가 재미있었고 그들과 대화하는 것이 어렵지 않았으며 말이 통한다고 느꼈다. 어르신과 이야기를 하면서 무엇을 얻어내야 한다는 목적의식은 없었던 것 같다. 딱히 목적과 목표가 없었기 때문에 주로 편안하게 듣는 역할을 했다. 아마도 내 나이가 어려서 그다지 들려드릴 이야기가 없기도 했고, 오히려 말을 많이 하는 것보다는 듣는 것이 부담이 덜했기 때문에 그냥 이야기에 집중할 수 있었는지도 모른다.

어르신들이 자녀들에 대해 염려하는 이야기 속에서 내 부모님의 마음을 짐작해볼 수 있었다. 급변하는 세태에 대한 아쉬움을 토로하는 말씀을 통해서는 '나도 언젠가 저런 허전함을 느낄 수도 있겠구나'라는 생각이 들었다. 그렇게 이야기를 오래 나누고 나면 어르신들은 다 똑같이 '내가 젊은 사람 붙들고 귀한 시간을 뺏었네. 미안해요. 다음에는 후원에 대해 이야기합시다'라고 먼저 말을 꺼내고는 했다. 내가 무슨 일을 하는 사람인지 알고 있다는 뜻이고 내 일에 도움을 주고 싶다는 말이다.

경청은 삶을 대하는 태도라고 할 수 있다. 태도는 참 정직한 거울이다. 태도를 보면 그 사람의 마음을 알 수가 있다. 환심을 사기 위한 노력을 얼마간 유지하는 것은 가능하지만 시간이 지나면 속마음이 조금씩 보이게 마련이다.

『논어』의 「옹야편雍也篇」에는 "아는 사람은 좋아하는 사람만 못하고, 좋아하는 사람은 즐기는 사람만 못하다(知之者 不如好之者 好之者 不如樂之者)"라는 유명한 문구가 있다. 배움의 경지에 대해 공자는 어떤 것을 잘하는 것이 즐거움의 경지에 이르러야 한다는 말을 한 것 같다. 나는 이 말을 경청이 무엇인지 배워서 아는 사람보다는 경청하기를 좋아하는 사람이 더 뛰어나고, 경청 자체를 즐기는 사람을 따라가지 못한다는 말로 바꿔 말하고 싶다.

우리는 모두 이 삶이 처음이다. 모든 것이 처음 만나는 것들이다. 실수가 많고 뒤늦게 교훈을 얻는다. 그러니 미리 살아본 사람들의 이야기에 귀를 기울일 필요가 있지 않을까. 그들의 이야기 속에 삶의 지혜가 담겨 있으리라는 것은 자명하지 않은가.

나는 사람을 만나 그들이 살아온 이야기를 들어야 하는 직업을 가진 탓에 이러한 지혜를 일찍 배웠다. 대단한 성공을 이룬 사람들에게만 이야기가 있고 지혜가 있는 것이 아니다. 우리 가까이에 있는 평범한 사람들의 삶에도 그 사람들만의 이야기가 있고 교훈이 있다. 다만 우리가 듣고자 하지 않기 때문에 먼저 말해주지 않는 것뿐이다. 이해하고자 하는 마음이 있다면 먼저 들어야 한다.

고마움의 가치를 아는 사람들의 선택

10년 전 한 대학에 20년 이상 매년 1,000만 원씩 기부한 한 분을 만났다. 여든을 훌쩍 넘긴 연세에도 항상 개인 사무실에 출근해 무언가를 열심히 정리하는 분이었다. 나는 그분에게 왜 환갑의 나이에 갑자기 기부를 시작하게 되었는지 물었다. 그랬더니 그분의 대답이 이랬다.

"허허, 20년 만에 이 질문을 처음 듣네. 사실 한번은 말하고 싶었는데, 그동안 아무도 묻는 사람이 없었어. 내가 예순 되던 해에 죽을 뻔했거든. 육십 평생 열심히 살았는데 말이야. 내가 젊었을 때 우리나라가 진짜 어려웠어. 다 같이 못 먹고 못살고 했지. 그런데 나는 우연한 기회에 장학금을 받고 미국으로 유학 가서 공부를 하게 되었어. 그런데 그때 미국 교수님이 나한테 무척 잘해주신 거야. 어찌나 친절하고 자상했는지 참 고마웠지.

유학이 끝나고 한국으로 돌아와서 산업현장에서 일하게 되고 사업을 하다 보니까 정신없이 살게 되더라고. 그러다 예순에 암이 걸린 거야. 정말 죽을 뻔했지. 수술 받고 치료 받는 동안 '내가 그동안 너무 정신없이 살았구나'라는 생각을 참 많이 했어. 만약에 병이 낫고 건강을 회복하게 되면 다르게 살아보겠다고 그때 다짐을 했어. 다행히도 수술이 아주 잘되어서 다시 건강을 회복했어. 그런데 그때 오랫동안 잊고 있었던 유학 시절 그 미국 교수님이 떠오르더라고. 이국에 홀로 떨어져 있는 나한테 왜 그렇게 따뜻하게 해주셨는지, 지금 생각해도 정말 고마워. 참 친절하게 관심을 쏟아주셨고, 또 그렇게 좋은 교육을 시켜준 그 대학이 고맙다는 생각이 떠올랐어. 그래서 그 고마움을 표현하기로 했어.

미국의 펜실베이니아 주립대학에 장학금을 보냈어. 그러고 났더니 그 학교에서 나에게 편지를 보내왔더라고. 감사하다는 표현을 어찌나 극진히 하던지 내가 기부하기를 참 잘했다는 생각이 저절로 들었어. 거기서 끝이 아니야. 매년 우편을 보내서 계속 관심을 표현하더라고. 그래서 나도 계속 장학금을 보냈지. 그렇게 하다가 갑자기

한국에 있는 모교 생각이 나더라고. 그래서 모교에도 장학금을 기부하기 시작했어. 내 장점은 무슨 일을 한번 하면 그냥 꾸준히 계속하는 거거든. 그래서 멈추지 않고 하다 보니 이렇게 20년이 되었네. 참 고맙네. 그때부터 20년을 더 살 수 있어서."

큰돈을 기부하는 사람들의 공통점은 누군가에 대한 고마움을 마음 깊이 품고 있다는 것이다. 그 대상이 개인일 때도 있고 사회나 나라일 때도 있다. 자기 혼자만의 노력으로는 돈을 벌 수 없었을 것이라고 말한다. 어려운 시절에 힘들게 살 때 죽을 뻔한 고비를 낯선 이의 도움으로 넘긴 적이 있고, 결정적인 상황에서 주변의 신세를 진 적도 있고, 알게 모르게 도움의 손길들이 있었다고 고백한다. 나라가 힘이 없었을 때는 무언가를 시도해볼 기회조차 없었는데, 나라가 나라답게 되면서 노력하면 무엇이라도 얻을 수 있는 환경이 되었다고 말한다. 그래서 자신이 번 돈이라고 해도 온전히 자기만의 것이 아니라고 생각한다. 언젠가 누군가한테 돌려줘야 할 빚이 있다고 하면서 기부자들은 단체에 전화를 건다.

아까워서 기부합니다

고액 기부자들을 상담할 때마다 내가 하는 질문이 있다. 왜 어렵게 번 돈을 기부하세요? 시답잖은 질문일 수도 있는데, 우문현답이라고 했던가. 기부자들의 대답이 명작이다.

"아까워서 기부합니다."

아까워서 남에게 준다니 참 아이러니하다. 아까우면 꽁꽁 붙들어 매고 안 써야 하지 않는가. 조금 덜 아까우려면 피붙이인 가족에게 남기든가 해야 할 텐데, 거금을 기부하겠다니. 그 사연을 들어보면 기부자들이 결코 평범한 사람들이 아니라는 걸 알게 된다. 그들은 돈을 다루는 재주가 아주 특별하다. 그들이 기부를 하는 건 역설적으로 그만큼 그 돈을 어렵게 벌었기 때문에 관리를 보다 철저히 하려는 목적에서다. 의미 없이 소진되는 건 용납할 수 없기 때문인 것이다.

"나는 고생 고생하며 돈을 벌었는데 내 아들딸은 그 돈으로 어릴 때부터 편하게 살아서 쓰기만 했지 돈을 벌거나 관리할 줄 몰라요. 애들을 사랑하는 마음으로야 이 돈을 다 주고 싶지요. 하지만 물려주는 즉시 얼마 안 가서 다 소진할 것이 눈에 훤히 보이거든요. 결국 자식들이 이 돈만 믿고 흥청망청 쓰다가 영영 망가질까 봐 자식에게는 딱 필요한 만큼만 주고 나머지는 더 의미 있게 쓰일 수 있도록 기부하는 거예요."

"우리 아이들은 감사하게도 다들 잘 자라서 적당한 직업을 가졌어요. 부모의 돈이 없어도 각자의 삶을 잘 꾸려가고 있지요. 이미 충분히 넉넉히 살고 있으니까 이 돈은 정말 필요한 사람들에게 요긴하게 쓰였으면 좋겠어요. 돈 때문에 형제끼리 의가 상하는 일도 없었으면 좋겠고요"

"나는 아직 건강해요. 다만 결혼을 안 하고 혼자 살다 보니 나한테 갑자기 큰일이 생기면 내가 힘들게 번 돈이 엉뚱한 사람에게 가서 의미 없게 쓰일 것 같다는 염려가 있어요. 아직 내가 건강하고 정신적으로 문제가 없을 때 내 돈이 좋은 일에 쓰일 수 있도록 기부단체와 계약해두려고요. 물론 나는 앞으로도 건강하고 즐겁게 열심히 살 거라서 내 유산을 받는 시기는 한참 나중일 거예요."

기부자들이 자녀에게 물려주고 싶은 것은 돈이 아니라 돈을 다루는 능력이다. 그런데 이 능력은 스스로 벌어본 경험이 없으면 생기지 않는다. 부모가 일만 금을 주더라도 지키지 못하면 자기 것이 못 된다. 기부자들은 이 사실을 잘 알고 있다. 돈을 다룰 준비가 안 된 자녀들에게 너무 많은 돈을 공짜로 주는 것은 독이 된다고 공통적으로 이야기한다. 돈 때문에 고생을 해봐야 돈의 귀함을 알고 그래야 씀씀이도 바르게 된다고 말한다.

Part 2

잘 쓰고
잘 남기는 법

인간은 벌어서 생계를 유지하고,
베풀면서 인생을 만들어간다.
_ 윈스턴 처칠

상속의 시대,
잘 남기는 법을 배워라

이 땅에 먹고 죽을 돈도 없던 시절이 있었다. 입에 풀칠하기도 어려웠고 보릿고개라는 말이 무섭게 느껴지던 때가 있었다. 그로부터 불과 100년도 지나지 않았는데 지금 우리는 굶어 죽는다는 말이 실감나지 않는다. 아무리 못살아도 먹을 것이 없지는 않은 시대다. 가끔 농담처럼 "아침에 쌀이 떨어져서 고기를 먹고 나왔어"라는 말을 해도 거슬리지 않는다.

천지가 개벽했다. 한강변의 강변북로나 올림픽대로를 달릴 때 눈에 들어오는 깔끔하고 수려한 경치와 도심의 경관은 외국의 어느 멋진 부자 동네에 와 있다는 착각을 불러일으키기도 한다. 한강의 기적이 일어났고 상전벽해의 신화가 이루어졌다. 물론 저절로 된 것은 아니다. 누군가의 피땀 어린 수고와 노력이 뿌려진 결과이다. 우리 부모님은 못 먹고 못 입으면서 평생 자식을 위해 뼈가 으스러지는 수고와 고통을 마다하지 않았다. 버려진 들판에서 무에서 유를 창조하는 마음으로 씨를 뿌리고 일구며 노동을 해서 열매를 거두어도 정작 자신을 위해서는 돈을 제대로 써보지도 못했다. 지금은 치열한 삶의 현장을 떠나서 연로한 육신을 이끌고 거리를 배회하거나 공원에 앉아 하릴없이 시간을 보내는 이름 모르는 노인은, 과거에 베트남 전쟁터로, 독일의 광산으로, 아라비아의 사막으로 떠나 추위와 더위를 견디면서 목숨을 걸고 외화를 번 산업 역군이었고, 경제 발전의 주역이었다.

기적처럼 이 땅에는 고속도로가 놓이고 지역마다 공장들이 세워지고 도시에 빌딩과 아파트가 들어섰다. 판잣집이라도 하늘을 가리고 비와 추위를 피할 공간만 있으면 내 것이 아닌들 문제되지 않았던 시대를 살았던 어른들이 아직 살아 계신데, 지금은 자기 명의로 된 집 한 채를 넘어서 부동산으로 돈을 버는 시대가 되었다. 모든 국민이 은행을 이용하고, 다양한 서비스 산업이 우후죽순처럼 생겨나고, 배움이 싫어서 학교를 가지 않는 사람은 있어도 배우고 싶은데 형편이 어려워 학업을 포기해야 하는 사람은 거의 없다. 벌이가 시원치 않아도 스마트폰은 들고 다니고, 아직 직장을 구하지 못해서 수입이 안정적이지 않은 청년도 식사 후에 커피 한 잔은 마시는 문화가 생겨났다. 우리는 확실히 다른 시대를 살고 있다.

부가 축적된 시대. 이제 우리는 이 부를 물려줘야 하는 시대를 살고 있다. 거대 기업을 일군 재벌들의 이야기로만 여겨지던 상속의 문제가 이제는 보통 사람들의 이야기가 되었다. 많고 적고의 차이는 있겠지만, 이 시대의 많은 사람들은 이제 자녀와 가족에게 물려줄 만한 재산을 축적하고 있다.

경험은 좋은 선생이다. 선대로부터 유산을 물려받은 경험이 있는 사람은 자식에게 물려주는 일을 더 세밀하게 잘 준비한다. 그런데 정치적 수완으로든, 사업 수완으로 자수성가를 했든, 부동산으로 부를 일궜든 상관없이 자기 대에 재산을 축적한 사람들은 돈을 벌고 모으는 일에는 성공했지만 물려준 경험이 없다. 경험이 없으면 서툴고 실수를 하게 마련이다. 게다가 집안의 재산 상속과 가족에 관한 문제는 외부에 도움을 요청하거나 조언을 듣기도 쉽지 않다. 주변에 상속을 잘했다는 사람이 있다면 귀한 선물을 들고 찾아가 조언을 들어보기라도 할 텐데 상속에 관해 들리는 이야기라고는 대개 집안이 풍비박산 났다거나, 하다

하다 자식들이 법정에 섰다는 등의 말들만 무성하다.

그 돈을 어떻게 벌었는가. 잠시도 쉴 틈 없이 몸을 혹사하면서 악착같이 벌었다. 전기가 들어와도 웬만해서는 불을 끄고 생활했다. 돈을 벌어 버젓이 수세식 화장실을 만들어두고도 그 물값이 아까워 물도 두 번 내릴 것을 한 번만 내리고는 했다. 수돗물이 콸콸 나와도 바가지에 물을 받아서 설거지하며 아낀 돈이다. 그렇게 쓰지 않고 쌓아두기만 해서 뭐할 거냐고 주변에서 핀잔이며 비아냥도 여러 번 들었다. 애쓰고 애써서 겨우 모은 돈이다. 이제야 자식들에게 남겨줄 것이 생겼으니 자식들은 나처럼 고생하지 않아도 된다는 안도가 든다. 그런데 왜 이렇게 걱정스러운가. 잘 전하고 잘 남기는 법을 모르기 때문이다. 고생 끝에 얻은 재물인데 잘 남길 줄 몰라 순식간에 탕진해버리거나 재물 때문에 가족이 불화하게 된다면 이 얼마나 허망한 일인가.

우리는 상속의 시대를 살고 있다. 이제 잘 버는 시대를 넘어 잘 남기는 지혜를 배워야 한다. 어떤 식으로든 되겠지 하는 것은 좋은 마음가짐이 아니다. 펀드레이저는 돈을 다루는 것 같지만 사실은 다양한 사람의 삶을 다루는 직업이다. 기부자들의 인생 전반을 알게 되고, 그러다 보면 자연스럽게 삶이란 무엇인가, 행복이란 무엇인가 같은 철학적 문제와 맞닥뜨리게 된다. 무수히

많은 사람을 만나면 만날수록 한 가지로 정의할 수 없는 게 인생이지만, 그럼에도 한 가지 생각하는 것은 누구에게나 인생의 끝 마무리를 위한 준비와 계획이 필요하다는 것이다. 물론 계획한다고 해서 반드시 그대로 되는 것은 아니다. 그럼에도 반드시 필요한 일이다.

최근에는 웰다잉이나 임종 준비 서비스, 엔딩노트 쓰기, 유언장 서비스 등 죽음과 관련한 서비스가 늘고 있다. 하지만 여전히 사람들은 죽음을 불편한 것, 이야기하고 싶지 않은 것으로 터부시하는 경향이 있다. 그러다 보니 당연히 상속 문제 역시 아직 먼 미래의 일이라는 생각에서 벗어나지 못한다. 또 상속은 아주 돈 많은 사람들 이야기라고 생각한다. 물론 이 문제는 각자 사정이 다 다르고 민감해서 누군가에게 털어놓고 이야기하거나 상담받기가 쉬운 것은 아니다. 그렇다고 해서 마냥 손 놓고 있는 것은 바람직하지 않다. 상속의 시대를 살아가는 우리는 삶을 과거와 현재, 미래의 관점에서 조명해보고, 가장 소중한 것들을 지키기 위해 숙고해야 한다.

노년에 길을 잃지 않기 위해 준비해야 할 것들

"딱 열 가지만 골라보세요. 내 남은 생에 가장 필요한 것!"

이따금씩 65세 이상 어르신들을 대상으로 워크숍을 하게 될 때 이런 질문을 던지고는 한다. 각자 은퇴하기 전의 직업이나 경제적 수준, 취향, 옷차림새와 스타일은 다 다르지만 그 대답은 대체로 비슷하다.

'건강, 함께 지낼 배우자, 자녀의 독립, 너무 궁핍하지 않을 만큼의 통장 잔고, 적당한 크기의 집, 여기저기 다닐 수 있는 차량, 일상적으로 시간을 보낼 수 있는 소일거리, 배우자와 함께 할 수 있는 취미, 가끔 만날 수 있는 친구, 좋은 조언자.' 열 가지라고 하니 많아 보이지만 막상 써놓고 보면 단출하다. 그럼에도 이 열 가지를 다 갖춘 사람은 거의 없다고 해도 과언이 아니다.

젊을 때의 수고를 통해 노년에 소유하게 되는 것은 이 열 가지 외에도 셀 수 없이 많지만, 정작 꼭 필요하고 또 있었으면 좋겠다고 생각하는 것들은 잘 챙기지 못한다. '헛똑똑이'라는 말이 있다. 나름 영리하고 똑똑하게 일하는 것 같지만 지나고 보면 자신에게는 아무 유익함 없이 남 좋은 일만 시키는 사람을 부르는 말이다. 어려서부터 수많은 시간을 쏟아부으면서 노력하고 공을 들였지만 헛똑똑이처럼 정작 자신에게 가장 중요한 것들을 챙기지 못했을 수도 있다.

좋은 대학을 나오고, 안정적인 직장에 다니고, 비싼 아파트를 사면 좋다고 생각했지만 지나고 나면 다 거기서 거기일 뿐이다. 대학이나 직장이나 아파트 같은 것들은 잠깐 동안만 만족을 줄 뿐 내 인생의 행복을 결정짓는 중요한 것들이 아니라는 것을 나중에야 깨닫게 된다.

우리는 인생의 황금 같은 젊은 날의 수고와 고단한 삶의 과정을 어느 정도 마무리하고 난 후 노년이 되고 나면 어쩐지 허전하기도 하고 남은 시간이 막막하기만 하다. 누구를 위해 그렇게 열심히 살았는가. 길을 잃은 것 같아 우울감에 빠지기도 한다.

은퇴 후에는 자녀들과 더 많은 시간을 보낼 거라 생각했다. 하지만 자녀는 이미 품을 벗어나 자신의 독립된 삶을 바쁘게 살아간다. 배우자가 있어도 평소 함께 대화를 해본 경험이 많지 않아 서먹하고 취향과 취미도 다르다. 그뿐 아니라 각자 따로 지내는 것에 익숙해져서 도리어 하루 종일 함께 있는 것이 어색하고 불편하다. 평생 일과 씨름하며 가족을 위해 희생한다는 생각으로 참고 버텨왔는데 은퇴와 동시에 낯선 세계에서 길 잃은 아이처럼 사방을 둘러보아도 가야 할 길을 모르겠다. 부랴부랴 자신을 챙겨보려고 나서지만 무엇을 해야 할지 몰라 난감하다.

인생에서 가장 아름다운 때가 언제일지에 대해서는 저마다 생각이 다르다. 그런데 사람들은 너무나 쉽게 노년의 시간보다는 청년의 시간이 더 아름답다고 단정한다. 과연 노년은 그저 시들어가기만 하는 때일까. 왕성한 에너지와 의욕으로 미래를 향해 매진하고 세계를 일구어가는 청춘은 물론 아름답다. 한편 유려하고도 여유 있는 모양으로 인생을 관조하며 지나온 시간들에 대한 회고와 성찰로 후대와 교감하며 살아가는 노년 또한 아름답다. 하지만 제대로 준비하지 않고 맞이한 노년은 아름답지 못할 수도 있다. 지나온 삶에 대한 회한만으로 하루하루를 한탄하기 전에 이제는 준비해야 한다.

노년을 위한 준비에는 죽음의 문제를 빼놓을 수 없다. 물론 죽음은 노년의 전유물이 아니며 젊은 날에도 닥칠 수 있는 일이지만, 그럼에도 특히 노년에게 죽음은 필수 불가결의 문제이다. 누구에게나 생의 마지막 날이 온다.

떠나는 자와 남겨진 자

2011년 여름, 교통사고로 갑자기 딸을 잃은 부모가 있었다. 딸은 수의학을 전공했고 수의대 재학 6년 내내 학과 수석을 독차지할 정도로 성실했다. 매번 등록금 전액 장학금을 받았다. 딸은 그때마다 자신보다 더 힘들게 공부하는 친구가 많은데, 나중에 후배를 위해서 꼭 장학금을 내고 싶다는 말을 하고는 했다고 한다.

딸은 유학을 준비하고 있었다. 그런데 미국 수의사시험 합격 통지를 기다리고 있던 중에 사고를 당한 것이다. 합격증은 사고가 나고 20일 뒤에 도착했다. 부모는 마음을 걷잡을 수 없었다. 하지만 딸을 생각해야 했다. 이미 세상에 없지만 딸의 마음을 헤아려야 했다. 딸을 위하는 길이 무엇일까 고민하던 끝에 부모는 결정을 내렸다. 딸이 유학 갈 때를 대비해 차곡차곡 모아두었던 돈에 사고 보상금 1억 원을 더하고 딸이 쓰던 책을 모아 딸이 다니던 학교의 학과에 기부하기로 한 것이다. "그렇게 똑똑하고 예쁘고 착한 딸이 하늘나라로 떠났어요. 이 돈은 어차피 그 애를 위한 것이어서 다른 곳에 쓸 수가 없었어요. 딸이 평소에 하던 말들이 생각났고, 정말 필요한 곳에 잘 쓰고 싶었어요"라는 눈물 담은 고백과 함께.

매년 딸의 기일에 장학생을 네 명씩 선발해서 장학금을 전달했다. 그 부모님은 장학금을 받는 학생들에게 단서를 하나 붙였다. 나중에 꼭 성공해서 이 장학금을 채워달라는 부탁이다.

소중한 딸을 너무 빨리 잃은 부모의 마음을 헤아릴 수 있을까. 세상을 원망하는 마음이 왜 없겠는가. 하지만 이들 부모는 자신들이 딸을 위해 할 수 있는 가장 좋은 선택은 딸의 이름으로 세상에 선한 영향력을 남기는 것임을 잘 알고 있었던 것 같다.

세상에 올 때 우리가 선택할 수 있는 것은 아무것도 없다. 부모도 나라도 신분도 성별도 생김새도, 그저 다 내게 주어진 것을 떠안을 뿐이다. 출생과 더불어 주어진 것들은 실로 어마어마해서 웬만해서는 평생 그 타고난 처지와 조건에 변화를 주기 어렵다. 설령 내가 모국을 떠나 국적을 바꾼다 해도 타고난 조건은 바뀌지 않는다. 간혹 우리는 이러한 숙명의 굴레에서 벗어나고자 자신의 조건뿐 아니라 국가와 사회 문화의 틀을 바꾸려는 노력도 하고, 의학의 힘을 빌리기도 한다. 하지만 이는 매우 고단하고 끈질긴 노력을 기울여도 이루기 쉽지 않다. 결국 타고난 숙명에 관한 한 우리에게는 선택의 여지가 없고 신의 은총이 있기를 바랄 뿐이다.

그날은 느닷없이 찾아온다. 안타까운 것은 대부분의 사람들이 그날에 대해 미리 생각하지 않는다는 사실이다. 그래서 수많은 사람들이 너무나도 허망하고 어이없는 방식으로 그날을 맞이한다. 자신이 살아온 소중한 공간에서 사랑하는 가족에게 둘러싸여 자기 인생의 소중한 의미와 부탁할 말을 유언으로 남기고 한 명 한 명 둘러보며 작별 인사를 한 후 가족의 축복과 감사의 말을 듣고 눈을 감는 것, 그리고 고인을 추모하러 찾아온 조문객 앞에서 고인이 생전에 남긴 삶의 일화와 족적을 나누고 회상하는 장면은 왜 서양의 영화에만 등장하는가.

유족의 입장에서 보면 더욱 허망하다. 고인을 보내고 그 이후 시간을 견뎌내야 하는 것은 오롯이 남은 자들의 몫이다. 사랑하는 이를 다시 보지 못할 곳으로 떠나보낼 마음의 준비를 할 틈이 없다. 충분한 사랑과 감사의 말을 나누는 것은 고사하고 눈 마주칠 겨를도 없이 어느 날 갑자기 고인을 떠나보내게 된다. 미처 마음도 추스르지 못한 상황에서 정신없이 장례식을 준비하고 기한 안에 치러야 할 일을 '장례 지도사의 안내에 따라' 마무리해야 한다.

가족의 장례를 위해 직장에서 허락해주는 시간은 고작 일주일 남짓이다. 제대로 추모하거나 슬퍼하거나 쉴 겨를 없이 장례식이 끝나고 나면 다시 일상의 공간으로 돌아와 고인이 머물렀던 생활공간과 삶의 흔적을 속히 정리해야 한다. 정리하는 것도 힘들고 정리하지 않는 것도 힘든데, 무엇을 어떻게 챙기고 정리해야 하는지 소상하게 알려주는 참고서도 없다. 소중한 이를 막 하늘로 떠나보냈는데 제대로 위로받거나 눈물을 닦아내기도 전에, 어떻게 고인을 마음에서 떠나보낼지 생각도 못한 상황에서 고인의 흔적을 지우고 치워버려야 하는 상황은 계속된다.

사랑하는 사람들의 이야기를 기록하라

약 4년 전 나는 해외 출장 중에 다급한 연락을 받았다. 어머니께서 갑자기 심장 쇼크로 쓰러지셔서 응급실로 이동했다는 것이다. 하나님의 도우심(그리스도인인 나의 믿음이다)으로 극적인 소생의 순간은 얻었으나 이미 어머니의 병환은 암 말기여서 치료가 불가능한 상황이었다. 그럼에도 응급조치와 수술 덕에 어머니를 조금 더 볼 수 있는 시간을 얻었다. 처음에는 회복되지 않을까 기대도 했지만 얼마 되지 않아 회복이 불가능하고 곧 보내드려야 한다는 것을 알았다. 나는 바로 직장에 석 달간 휴직을 신청하고 어머니가 계신 지방 도시의 병원(집이 가까워서 아버지가 매일 통근하는 곳)으로 오갔다. 피곤함과 아쉬움, 슬픔이 없었던 것은 아니지만 마음을 준비할 시간을 얻게 되어 감사했다.

어머니가 돌아가시기 전 마지막 2주간은 집으로 모셔 와서 지냈다. 그때 어머니께서 내게 마지막 부탁을 하나 하셨다. "아버지와 차 한 잔 마시고 싶다"는 것이었다. 아버지와 함께 차 한 모금을 드신 이후에 "맛있다"고 짧게 한마디하신 것이 생각난다. 어머니 생애의 마지막 날은 선물과도 같았다. 동생 식구가 미국에서 어머니를 만나러 부랴부랴 온 그날, 어머니는 막내아들의 얼굴을 양손으로 부여잡고 "네가 어떻게 왔네!" 하며 연신 쓰다듬으셨다. 몹시 보고 싶던 얼굴을 꿈에서 보는 것처럼. 그렇게 가족이 모두 함께한 자리에서 어머니를 축복하고 예배를 드리고 나서 몇 시간 후에 어머니는 하늘나라로 가셨다. 그렇게 온 가족이 함께 있는 자리에서 어머니와 작별한 것이 내 마음에 작은 위로가 되었다.

나는 그때 어머니의 죽음을 받아들일 아무런 준비가 되어 있지 않았다. 아무 근거도 없이, 너무 당연하게, 어머니가 훨씬 더 오래 내 곁에 계실 거라고 생각했던 것 같다. 갑작스러운 어머니의 소천 이후 나는 어머니와 함께한 추억도 적지만 어머니에 대해 아는 것이 너무 일천하다는 것을 깨달았다. 어머니의 십 대가 어땠는지, 어머니의 꿈은 무엇이었는지, 어머니의 삶에서 가장

기뻤던 때가 언제였는지 소상하게 들어본 기억이 없었다. 그 아쉬움이 너무 커서 마음이 무너지는 것 같았다. 왜 사람들은 미리 어머니의 젊은 날에 대해 많이 물어보라고 나에게 귀뜸해주지 않았는지 원망스러웠다. 다른 사람들은 다 알고 있는 것을 나만 몰랐던 것인가 싶기도 했다.

어머니가 돌아가신 이후 나는 용기를 내서 아버지와 대화를 하기 시작했다. 평소 무뚝뚝한 아버지는 대화를 길게 하시는 법이 없었는데도 내 물음에 최선을 다해서 옛날 이야기들을 하나씩 들려주셨다. 그리고 나는 조용히 아버지의 음성을 녹음해두었다. 아버지와 할머니에 얽힌 이야기, 아버지의 어린 시절과 청년 시절, 인생의 고비에 관한 이야기 등 마음에 담아두었던 이야기들을 찬찬히 들려주실 때도 아버지의 이야기나마 기록할 수 있어서 감사하면서도 한편으로는 어머니의 이야기를 녹음해두지 못한 것이 못내 아쉬웠다.

지금은 하고 싶지 않은 '그 일'

분명 우리는 많은 것을 놓치고 있다. 아직 급하지 않고 여유가 있을 때 그날을 준비하는 것이 더 지혜로운 일이라는 것을 다 알고는 있다. 좀 엉뚱한 예시 같지만, 부동산을 거래해본 사람은 안다. 매매를 하려 할 때 시간적 여유를 충분히 두고 상황을 봐가면서 거래를 하면 제값을 받거나 좋은 조건에서 거래할 수 있다. 하지만 사전 준비 없이 급하게 매매하려다 보면 헐값에 넘길 가능성이 크다.

죽음은 부동산에 비할 바가 아니다. 그럼에도 죽음이라는 단어가 반갑지 않고 거부감이 커서 죽음을 준비하는 일은 '지금은 하고 싶지 않은 일'이 되어버린다. 아직 건강하고 마음이 넉넉할 때 부모는 자녀에게 자신의 어린 시절 경험을 기분 좋게 들려줄 수 있다. 자신들이 어떻게 난관을 극복해왔는지 살면서 터득한 지혜를 알려줄 수도 있다. 그리고 자녀를 얼마나 사랑하는지 조곤조곤 말해줄 수 있다. 또 자녀가 어떻게 살기를 바라는지 말해주거나 가진 재산 중 일부는 미리 물려주면서 어떻게 관리해야 하는지 알려줄 수도 있다.

그날에 남길 유산이 있는 사람들은 성공한 사람들이다. 수백억의 자산을 가진 부자가 아니라도 말이다. 고작 살고 있는 집 한 채, 작게 경영하고 있는 가업, 얼마 되지는 않지만 꼬박꼬박 들어놓은 적금과 보험, 성실하게 월급쟁이 생활을 하면서 쌓아온 연금, 금전적 가치는 크지 않지만 오랫동안 소중하게 간직해온 선조의 유물, 어릴 적 추억이 깃든 옛집과 대대로 물려받은 선산 그리고 시골의 땅, 가족과 같은 반려동물, 스스로 공들여 만든 작품. 이 모든 것들은 언젠가 삶을 마무리할 때 "내가 살아오면서 수고하고 일구어온 결과이니 잘 받아주게"라고 하면서 전해줄 것들이 된다.

그런데 남길 유산이 단지 물질적인 것들뿐일까. 굽이굽이 이어진 인생의 곡절 속에 수고함으로 씨 뿌리고 가꾸고 사랑하고 투쟁하며 이루어낸 삶이 있다. 어쩌면 우리들이 정말로 남기고 싶은 것은 물질적인 것이 아니라 아련히 지나간 날의 시간 속에 담긴 기쁨과 슬픔, 후회, 그리고 고마웠던 기억, 뭉클했던 순간들이 아닐까. 마지막 순간에 대해 미리미리 고민하고 준비하지 않으면 우리는 아무것도 남기지 못하고 만다. 언젠가 반드시 올 '그날' 이후에는 공기 중에 그저 흩어지고 만다. 이 일은 자기 자신 외에 누구도 대신 할 수 없다. 그래서 직접 정리하지 않으면 안 된다. 그러지 않으면 남은 자들은 자신의 뜻과는 상관없이 본인들이 받고 싶은 것만 받을 것이다.

어느 날 갑자기 인생에 적신호가 들어오는 것은 한편으로는 매우 감사한 일이다. 암에 걸리거나 사고를 당하거나, 배우자나 자녀에게 어려움이 생기면 정신이 번쩍 든다. 그때 문득 '정말 내게 중요한 것이 무엇인가' 하는 문제를 고민하게 된다. 그리고 인생에서 대부분의 일은 돈이면 다 해결되는 줄 알았는데 돈으로 할 수 있는 것이 생각보다 별로 없다는 것을 알게 된다. 돈은 결국 필요한 만큼만 있으면 된다는 진리를 너무 늦게 깨닫는다. 그래도 아직 늦지 않았다.

잘 살기 위해
죽음을 준비하다

> "인생 육십이 되어도 몰라요, 내가 처음 살아보는 거잖아. 나도 육십이 처음이야. 알았으면 이렇게 안 했지."

〈꽃보다 누나〉라는 TV 방송프로그램에서 배우 윤여정 씨가 한 말이다. 그렇다. 환갑도, 칠순도, 인생의 끝도, 물려주는 일도 내 입장에서는 모두 다 '생전 처음' 겪는 일이다. 처음이니 어렵고, 누구라도 마찬가지다. 보통 사람들은 내가 사는 집과 약간의 통장 잔고, 보험금 정도를 가지고 살다가 때가 되면 어떤 방식으로든 그것들을 처분하거나 물려주거나 하고 삶을 마무리하고 떠난다.

언젠가 반드시 올 그날, 내게는 무엇이 남을까. 한 줌의 재가 되어 30년 정도 납골당에 머무는 것으로 만족할까, 자녀들의 기억 속에 남아 손주와 후대의 입에 가끔 오르내릴 일이 있을까, 아니면 어딘가에 기록으로나 기념이 될 만한 이로서나 존경스럽고 추모할 만한 사람으로 남을 수 있을까.

죽음은 나이나 은퇴와 상관없다. 질병이나 사고로 꽃다운 나이에 죽음을 맞는 경우도 셀 수 없이 많다. 제대로 꽃피우지도 못하고 세상을 뜬 것 같아서 너무 아쉬운 나머지 주변에 제대로 알리지도 않고 작별도 마무리도 하지 못한 채 떠나보내기도 한다. 웰다잉에 대한 이야기들이 등장했지만 이는 노인들 사이에서 관심사일 뿐이다. 이제는 삶의 연장선상에서 죽음에 대해 다시 한 번 생각해볼 때가 되었다.

죽음에 대한 준비는 잘 죽기 위한 방법을 모색하는 것이 아니다. 내게 주어진 이 시간을 잘 살기 위한 것이다. 죽음은 두려워하고 멀리할 것이 아니다. 언제든 누구에게든 반드시 한 번은 닥칠 일이라는 것을 받아들이면 더 적극적으로 준비할 수 있게 된다.

침착하고 냉정하게, 소중한 것에 대한 마음과 정성을 잘 담아서 자신과 주변 사람들을 배려하고 염려도 덜어냄으로써 홀가분하게 마무리하는 방법을 찾아야 한다. 그렇게 한다면 마지막 한 순간까지도 평온할 수 있을 것이다.

내려놓기에 가장 좋은 때

재산은 단지 물질적인 것만이 아니라 자신의 고단한 삶, 희생, 노력과 분투의 열매다. 그래서 사람들은 자기 재산을 끝까지 잘 지키고 책임감 있게 관리할 대리인을 설정하고 싶어 한다. 그 대리인은 가족이 될 수도 있고 사회 공익 기관이 될 수도 있다.

상속에 대해서 우리나라는 민법에 명확한 상속 원칙을 정해두고 있다. 상속을 받을 대리인은 원칙상 배우자와 자녀, 부모, 친척이다. 상속은 재산을 물려주는 대상이나 집행 시기, 방법에 따라 발생하는 세금이 다르고 그에 따라 손익의 차이도 크다. 금융 재산, 부동산, 경영하는 사업체 등 각각 재산의 특성에 맞는 관리와 상속이 필요하다. 그러니 상속의 과정이 간단할 리 없고 그만큼 상속을 해주는 입장에 선 사람들의 고민이 깊어질 수밖에 없다. 전문가의 도움이 필요한 이유다.

한편 가족 이외에 아주 특별하게 대리인을 설정할 수 있는데 대학이나 장학재단, 공익법인에 재산을 맡기는 것이다. 적어도 재산 관리에 관한 한 자녀에게 줄 수 있는 신뢰감과 비슷한 수준의 믿음을 기관들에게 주는 셈이다. 그렇게 기부한 사람들은 이제 마음이 아주 편하다고 입을 모아 말한다. 오랫동안 마음을 짓누르던 밀린 숙제를 한 것 같다고 한다. 그리고 대부분은 그 이후 더 즐겁고 건강한 삶을 꾸려간다.

이성적 판단이 가능할 때 미리 상속을 준비해야 한다는 말에 모두들 동의한다. 그럼에도 불구하고 상속이나 승계를 미리 결정하지 않는 사람들이 대부분이다. 자기 손에 들고 있는 것들을 아직 내려놓고 싶지 않기 때문이다. 또한 상속에 대한 결정을 하고 나면 주변에 소문이 날 것이고 그에 따라 자신의 존재감과 주변 사람들의 태도가 변할 것이라고 지레 걱정하기 때문이다.

리어왕의 비극에서 얻은 교훈일 수도 있다. 셰익스피어의 『리어왕』은 상속에 얽힌 비극적인 가족 이야기다.

딸을 셋 둔 리어왕은 막내딸 코딜리아를 가장 사랑했다. 브리튼 왕국의 리어왕은 나이가 들자 자신의 왕국과 재산을 딸들에게 물려주고 편안한 노후를 보내기 위해 자기에 대한 애정을 고백하게 했다. 속으로 막내딸에게 가장 감동적인 고백을 듣고 싶었으나 코딜리아는 끝까지 입에 발린 말을 하지 않았다. 배신감을 느낀 리어왕은 더 감동적인 고백을 한 나머지 두 딸에게 왕국과 모든 재산을 넘겨주고 코딜리아를 내쫓았다.

시간이 지나자 두 딸은 아버지를 배신했고 리어왕은 실성해서 광야를 헤매게 되었다. 왕국에서 쫓겨나 프랑스 왕비가 된 코딜리아는 아버지의 소식을 듣고 브리튼 왕국으로 쳐들어가는데, 결국 전쟁은 브리튼 왕국의 승리로 끝나지만 코딜리아도 리어왕도 죽음을 맞이한다.

어쩌면 많은 사람들의 걱정은 사실일 수도 있다. 발 없는 말이 천리를 간다고 소문은 금방 퍼진다. 미리 내려놓고 나면 사람들에게 더 이상 자신의 말이 힘을 발휘하지 못할 수도 있다. 하지만 그렇다고 언제까지나 움켜쥐고만 있을 것인가.

지혜로운 사람은 내려놓아야 할 때를 안다. 아직 젊고 충분히 일을 더 할 만하지만 후대에 사업과 재산 관리를 물려주고 자신은 뒤에서 묵묵히 지지와 지원을 보내는 사람이 있다. 행복한 상속의 비결은 내려놓음이다. 이 일은 생각보다 오래 걸릴 수 있다. 재산의 규모에 따라 몇 년씩 걸리기도 한다. 그러니 더 더욱 미리 고민하고 준비하지 않으면 안 된다.

부모님의 이름이 남기를 바랍니다

2009년 가을, 전화 한 통을 받았다. 100억 원 상당의 전 재산을 유산으로 기부하고 싶다는 내용이었다. 미국에서 유학을 했고 부산의 한 대학에서 교편을 잡고 있는 동문이었다. 이제 막 쉰이 된 분의 목소리치고 어딘가 어눌한 듯 어색했지만 자신의 말 한마디 한마디를 확실하게 챙기고 있었다. 장시간의 대화를 통해 그가 약 8년 전에 뇌출혈로 쓰러져 마비 증세가 심하게 왔고 엎친 데 덮친 격으로 최근에 구강암이 발병했다는 것을 알게 되었다. 미혼이었던 그는 신체의 부자유스러움 때문에 먼 친척의 간병 도움을 받고 있기는 했지만, 의사결정에는 전혀 문제가 없었다. 그는 자신에게 재산을 물려줄 직계가족이 없고 유류분 권리자가 없다는 것도 잘 알고 있었다.

그와는 전화로 이야기할 때가 많았다. 마비로 인해 말하는 것을 힘들어했고 수화기 너머로 들리는 소리가 다소 불분명해서 의사소통이 어려울 때도 있었다. 그럴 때면 간병하는 먼 친척이 중간에서 많은 것을 도와주었지만 그는 잘라 말했다. 유언과 관련한 것은 오직 자기하고만 상의해달라는 것이다.

그는 사후에 자신의 전 재산이 대학의 건축기금으로 기증되기를 바랐고, 그와 관련한 구체적인 조건들을 직접 챙겨서 유산 기부 계약서에 반영했다. 기부금의 쓰임새와 사용 시기, 돈의 집행 시기와 기한을 정하고, 직접 사용비와 간접 사용비의 비율을 정해두었을 뿐만 아니라 자신의 사후에 약속이 이행되는지를 확인할 방법에 대해, 약속 이행이 되지 않을 경우의 페널티에 대해, 심지어 증인 유고시에는 어떻게 하면 좋을지에 대해서까지도 구체적으로 상의하고 현실적으로 가능한 방법들을 모색해서 그 모든 내용을 계약서에 담았다. 이 정도면 괜찮겠지 싶은데도 그는 계속해서 다듬고 보완하는 작업을 거쳤다.

내가 작성해본 유산 기부 계약서 중 가장 자세하고 두꺼운 서류가 준비되었다. 때로는 이런 내용까지도 넣어야 하나 싶은 생각이 들어 정이 떨어질 뻔도 했지만, 지나고 보니 그는 애당초 나쁜 일이 일어나지 않도록 차단하고 싶었던 것 같다. 일어날 수 있는 나쁜 상황들에 대해 우려하는 것으로 끝내지 않고 구체적인 조건을 달아서 미리 대비한 것이다.

그런 시시콜콜한 내용을 다루고 계약서를 작성하던 시기는 마침 그가 암 수술을 받으려고 준비하던 때였다. 그는 미리 잡아 둔 수술 일정을 뒤로 미루고 유언 공정을 먼저 챙겼다. 그리고 자신의 수술비를 아껴서 한 푼이라도 더 기금에 보태려고 했다. 유언장을 잘 써두는 것이 그에게 주어진 생의 마지막 과업인 것처럼 보였다.

유언장을 쓰는 작업을 하던 중에 나는 그의 집을 방문할 기회가 있었다. 재개발 이야기가 무르익어가는 다 낡은 아파트였는데, 허름하다 못해 귀신이라도 나올 것 같은 분위기였다. 집안에 들어서자마자 목재로 된 고급스러운 전축과 스피커가 눈에 들어왔다. 꽤나 돈을 주어야 살 수 있을 것 같은 그 전축에 관심을 보이자 무뚝뚝하고 꼬장꼬장하기만 하던 그가 갑자기 수다스러워졌다. 말하기가 불편한 상태였음에도 그는 자신이 과거 전축 수집광이었다는 이야기를 한참을 했다. 이후 그의 암 치료는 수월하지 못했고 결국 그는 약 2년 후에 세상을 떠났다.

그는 재산을 기부하면서 자신의 이름을 남기려 하지 않았다.

그 재산의 상당 부분이 부모님으로부터 물려받은 것이기에 그는 부모님의 이름이 세상에 남기를 바랐다. 대학은 그의 뜻을 따라 새로 건축한 멋진 건물에 그의 부모님 성함을 남겼고 그의 이름을 따 건물명을 지었다.

다만 내가 그를 생각할 때 한 가지 아쉬운 것이 있다. 그와 그의 부모님 이름으로 후학을 위해 찬란한 건축물이 세워진 것은 참 고마운 일이지만, 그가 음악을 사랑했고 전축 마니아였다는 것을 기억하는 사람은 아무도 없다는 것이다. 그의 이름을 딴 건축 어딘가에 그의 삶의 이야기도 함께 남길 수 있었으면 어땠을까 하는 아쉬움이 남는다. 물질적인 재산뿐 아니라 자신의 삶의 이야기를 남기는 준비도 필요한 것이다.

죽음을 전제한
버킷리스트를 써라

몇 해 전 버킷리스트 써보기가 유행했다. 2007년에 잭 니콜슨과 모건 프리먼이 주연한 영화 〈버킷리스트: 죽기 전에 꼭 하고 싶은 것들〉 덕에 트렌드가 되었다. 죽을 날을 받아둔 사람이 죽기 전에 꼭 하고 싶은 일들을 적고 하나씩 지워가면서 '살아 있는 동안 꼭 해야 할 것들을 정리해본다'는 것이다. 요즘에는 일생 동안 꼭 해봐야 할 일들이라는 뜻으로 더 많이 쓰이는 것 같다. 이 말의 어원을 찾아보면 중세시대에 교수형당하는 사람이나 자살하는 사람이 목을 매달 때 올라갔던 '양동이를 걷어차는Kick the Bucket' 장면에서 유래된 것이라고 하니, 요즘 쓰이는 표현처럼 고상하게만 들리지도 않는다.

영화에는 어느 날 갑자기 죽음을 받아들여야 하는 상반된 두 사람이 등장한다. 평범한 사람인 흑인 자동차 정비사(모건 프리먼 역), 그리고 엄청난 부자이자 병원 오너이면서 루왁커피 마니아였던 백인(잭 니콜슨 역). 이 두 사람은 각각 어느 날 갑자기 치료가 불가능한 암을 선고받고 어쩌다 같은 병실에 입원하게 된다. 항암 치료의 고통과 죽음에 대한 공포는 백인이나 흑인이나 부자나 가난한 사람이나 다복한 가정의 남편이나 괴팍한 이혼남이나 모두에게 똑같다. 살날이 얼마 남지 않았다는 동일한 현실 앞에서 살아온 배경이나 성향이 다르다는 것은 별 문제가 되지 않는다. 두 사람은 자신들에게 시간이 얼마 남지 않았다는 것을 깨닫고 나서 남은 시간 동안 꼭 해보고 싶었던 일을 하나씩 함께 해나가기로 한다. 그리고 각자 소중한 것에 대해 생각하고 상처받은 마음을 회복해가면서 자신의 죽음을 받아들이게 된다. 하지만 정작 고통스러운 것은 이들과 이별해야 하는 주변 사람들이다. 어찌 보면 뻔한 이야기인데도 사람들이 이 영화에 감동받는 것은 죽음이라는 것이 누구나 한 번은 겪어야 하는 일이기 때문이 아닐까.

버킷리스트는 사람마다 제각각이다. 그런데 젊은이의 버킷리스트는 대체로 낭만과 꿈으로 가득 차 있다. 명소 방문하기,

비싸고 맛있는 음식 먹어보기, 세상에 하나뿐인 멋진 옷 입어보기, 스카이다이빙 해보기 등등 젊은이에게 버킷리스트는 죽음과는 전혀 무관한 일생의 추억을 만드는 일이다. 그것은 현재보다 좀더 나은 삶은 위한 준비인 듯도 하다. 자기만의 삶의 의미를 구상하면서 도전적이고 성취감 넘치는 일들을 목록에 넣는 경우가 많다. 세계 일주 또는 남극 여행을 한다거나 극한 오지에 가서 한 달 살기를 하는 식의 것들은 앞으로 살아갈 삶을 보다 가치 있게 가꾸기 위한 노력으로 보인다. 누군가는 선택의 여지가 없는 일상의 쳇바퀴에 몸을 싣고 의미 없는 반복에 시간을 쓰는 동안 자신은 특별하고 색다른 것들로 삶을 채우겠다는 야심찬 계획인 것이다. 틀림없이 그 경험이 자신의 나머지 인생을 더 풍부하고 의미 있게 해줄 것이라는 기대를 담고 있다.

하지만 버킷리스트는 죽음을 전제로 쓰여질 때 비로소 그 의미가 되살아난다. 살면서 죽음을 생각한다는 것은 참 어려운 일이다. 죽음을 생각한다고 해서 당장 죽는 것은 아닌데, 생각만으로도 죽음이 더 가깝게 느껴지기 때문에 생각조차 하기 싫은 것 같다. 죽을 날을 미리 알 수 있다면 미리 준비할 수 있을지도 모르겠다. 그러나 누구도 알 수 없고, 또 그날을 미리 알고 싶어 하는 사람도 별로 없다. 차라리 알기를 거부하는 것이리라. 희망찬 시간을 가져도 모자랄 판에 죽음을 생각하다니 가당치도 않다.

이런 이유들 때문에 우리는 늘 내일이 있을 것이라고 확고하게 믿는다. 잠들기 전에 알람 시간을 맞춰두고 내일 할 일을 메모해두며 다음 주에 할 일을 생각하고 내년에 떠날 여행을 기대하며 기꺼이 오늘을 희생한다. 아이러니하게도 내일에 대한 그 믿음 덕에 우리는 늘 쫓기는 삶을 산다. 바빠서 쉴 틈이 없고, 딸의 발표회와 아들의 운동회에 가볼 여력이 없다. 가족과 대화할 시간도, 운동할 틈도, 부모님을 찾아뵐 여유도 없다. 마음속으로 언젠가 있을 다음을 기약하면서 지금은 더 중요해 보이는 일들에 자신을 묶어두고 사소해 보이는 일을 한쪽으로 밀어놓고 만다. 오늘 미처 하지 못한 일을 내일 할 수 있을 거라고 생각하면서 말이다.

하지만 어느 순간 마지막이 가깝다는 것을 알게 되면 사정은 달라진다. 주어진 시간이 짧을수록 내 삶의 많은 것을 저절로 포기하게 된다. 따지고 말고 할 것도 없이 내게 가장 소중하다고 여겨지는 사람과 일이 간추려진다. 그 일들은 평소에 중요하다고 느꼈던 성공이나 성취와는 아무 상관 없는 일상적이고 소소한 것들이다. 남편과 차 한 잔 마시며 나누는 대화, 한 번도 들러보지 못한 아들의 일터, 자녀와 함께 떠나는 기차여행, 가족에게 하고 싶은 사랑 고백, 어릴 적 뛰놀던 동네 어귀의 느티나무 그늘 아래 평상에 앉아 옥수수 한 입 베어 물며 햇볕을 쬐는 일, 평생 살면서 고마웠던 이들에게 마음 전하기 등 평소에는 미처 생각하지도 못했고 중요하다고 여기지 않았던 것들을 떠올린다. 어쩌면 우리 삶의 진짜 우선순위는 이런 것들이 아닐까. 그래서 죽음을 전제하고 쓰는 버킷리스트야말로 우리가 살면서 진짜 챙겨야 하는 가치이고 의미 있는 것들이 아닐까.

불확실한 것에 대한 두려움

"그때 그들이 15년이라고 말해주었다면 조금 더 견디기 쉬워졌을까?" 영화 〈올드보이〉에 나오는 인물 오대수(최민식 역)의 대사다. 자신이 15년이라는 오랜 시간 동안 이유도 모른 채 갇혀 있어야 한다는 것을 미리 알았더라면 정말 조금은 견디기가 나았을까? 그렇게 오랫동안 버텨야만 한다는 것을 미리 알았다면 일찌감치 포기하거나 아니면 무언가 의미 있는 일을 하면서 그 시간을 보내려고 했을지도 모르겠다.

불확실하다는 것은 불편함과 두려움을 동반한다. 그래서 직면한 문제들에 대해 머뭇거리게 만들고 결정을 주저하게 한다. 코로나19(COVID-19)가 확산되기 시작한 이후 전 세계는 긴장과 불편함의 긴 터널을 지나고 있다. 벌써 1년여의 시간을 격리와 비상조치를 반복하면서도 여전히 코로나19가 왜 생겨났는지, 언제까지 마스크를 쓰고 생활해야 하고 언제쯤 이 상황이 해결될지에 대한 것을 알지 못한다. 처음 얼마간은 모두들 코로나19가 곧 지나가리라 생각했다. 그래서 섣불리 '포스트 코로나'에 대한 준비를 이야기했지만, 이제는 모두 '위드 코로나'를 말한다. 코로나19가 계속될 것이라는 예측은 모든 사회활동을 급속하게 비대면과 온라인 활동으로 전환시키기 시작했다. 코로나19가 끝나지 않는다는 것이 달갑지는 않지만 불확실한 것보다는 낫다. 아무것도 못하는 것보다는 코로나19 시대를 살아갈 준비를 하는 것이 더 확실한 선택이다.

미처 받아들일 마음의 준비가 안 되었을 때 갑자기 들이닥치는 일들도 마찬가지다. 죽음이 그렇다. 죽음을 편안하게 받아들일 수 있는 사람이 몇이나 될까. 내가 아는 어떤 신실한 분은 천국에 대해 확실한 믿음을 가지고 있었다. 하지만 정작 자신의 남편이 임종을 맞이했을 때 "가면 안 돼요, 나 혼자 어떻게 살아요. 절대로 보낼 수 없어"라고 외치며 통곡하고 말았다. 반면 어떤 한 분은 같은 상황에서 연신 눈물을 흘리며 "평생 당신을 존경하고 사랑했어요. 당신 때문에 행복했고, 천국에 가서 다시 만나기를 바라요"라고 잔잔히 고백하며 고인을 떠나보냈다. 두 분 다 남편을 사랑했고, 두 분 다 보내는 것이 아쉬웠고, 두 분 다 마지막 말을 전했지만 그 느낌은 매우 달랐다. 죽은 후에 지금보다 더 나은 천국에 갈 것이라는 믿음이 있다 해도 지금 내게 그를 떠나보낼 준비가 되어 있지 않다면 이는 비극일 뿐이다.

리스크에 대한
최고의 대비책

최고의 기업가도 죽음 앞에서는 예외일 수 없다. 삼성그룹의 이건희 회장, 롯데그룹의 신격호 회장, 모두가 부러워하는 우리나라 최고의 부자이자 대기업 소유주들이다. 이들의 노년과 죽음은 개인사를 넘어 전 국민의 관심사였다. 막대한 부를 쌓은 이런 사람들이 일찌감치 해둬야 할 일 중에 가업 또는 기업의 승계와 재산 정리가 있다. 재산 규모가 크니 세금도 엄청나다. 최근 삼성의 이재용 부회장의 상속세가 11조 원이 넘을 것 같다는 예측이 나오기도 했다. 천문학적인 숫자다. 기업의 승계는 기업의 미래가 달린 문제인 데다 자칫 잘못하면 선대와 자기 평생에 일구어온 모든 것이 다 허물어지는 일이 될 수도 있다.

기업에 속한 수많은 임직원과 종업원, 하청업체와 유관기관까지 생각해보면 어마어마한 사람들의 생계가 달린 문제이기도 하다.

기업은 항상 경쟁해야 하고 경쟁에서 이겨야 하며 더 발전하고 성장해야만 살아남을 수 있다. 그래서 기업인의 상속과 승계는 기업의 성장에 브레이크를 거는 일이 되기도 하고 그만큼 위험 부담이 큰 일이다. 이를 모르지 않으면서도 올바른 결정은 늘 미뤄지기 쉽다. 그렇게 일단 제쳐두었다가 어느 날 뜻밖의 복병을 만나면 이건 완전히 낭패다.

기업가에게 닥치는 의외의 리스크는 질병과 치매다. 심장 질환, 뇌질환, 치매, 암 등은 매우 치명적인 질병이지만 이러한 질병은 현대사회에서 이제는 흔한 것이 되어버렸다. 질병은 사람을 가리지 않는다. 이미 손쓸 수 없는 상황이 되고 나면 상속 문제는 악화되기 일쑤다. 오너가 아직 영향력이 막강하고 건강할 때 상속과 경영권 승계를 미리 잘 진행해두었다면 가벼운 감기를 앓는 정도로 지나갈 수 있는 일이지만 준비 없이 맞닥뜨리게 되면 기업 자체가 휘청거리는 큰일이 되고 만다. 기업의 경영권 지분 문제, 상속자 간의 분쟁 등 모든 이해관계가 수면 위로 올라온다. 지킬 것이 많은 사람은 잃는 것에 대한 두려움도 더 크다. 그런데 두렵다고 해서 피하면 차선을 준비할 시간까지 놓치게 된다.

우리나라의 베이비붐 이전 세대들은 맨주먹으로 시작해서 집을 장만하고 가계를 꾸리고 자산을 일구느라 평생 '근면 노동과 절약'을 목숨처럼 생각하고 살았다. 돈을 모으는 재미만 알지 잘 쓸 줄 모르는 세대다. 평생 살아내는 것만으로도 바쁘고 고단해서 죽음과 그 이후의 일 따위는 생각조차 할 틈이 없었는지도 모른다. 하지만 누구에게나 예외 없이 그날은 닥친다. 누구에게든 쉬운 일이 아니지만 준비된 자는 조금 더 편안하게 받아들일 수 있고 결과적으로 더 나은 선택을 할 수 있다. 내가 바라는 마지막, 내가 원하는 유언, 내가 원하는 기림을 위해 우리는 그날을 미리 생각해두어야 한다.

그럼 이런 마지막을 준비하기에 적절한 때는 언제일까. 조금만 더 시간을 가지고 생각해봐야지, 그때쯤 되면 좀더 나은 결정을 할 수 있겠지. 하지만 그런 적당한 때는 영원히 오지 않는다. 준비가 필요한 일이라면 지금 이 순간 그 일을 시작해야 한다.

준비하지 않으면
불행을 상속한다

아주 오래전 일이다. 어느 날 이름을 대면 알 만한 대기업 임원의 친척이라는 분이 찾아오셨다. 며칠 전에 별세하셨다는 소식을 들었는데, 별세하신 분은 7남매 중 막내아들이었다. 유족인 형제들은 국내, 해외 각지에서 각자 무탈하고 비교적 안정된 삶을 영위하는 중산층으로 보였다. 돌아가신 분은 대기업 계열사의 임원으로 평생 재직하셨는데, 미혼이어서 형제 상속을 하게 되었다. 그 상속자 중 두 분이 받은 유산의 일부를 기부하시겠다고 해서 상담을 시작했다.

홀로 일만 하다 작고한 막냇동생을 잃은 슬픔 속에서 유족은 상속 재산에 대해서, 공동 상속인들과의 협의 내용과 절차에 대해서, 민감한 재산 형성 과정과 관리의 과정에 대해서, 그리고 심지어 고인의 사망과 동시에 발생한 누군가의 사기 행각에 대해서 소상히 설명해주었다. 상속 재산의 규모가 상당했다. 펀드레이저로서는 꽤 적극성을 띨 만한 조건이었다. 그래서 시간이 좀 걸리고 복잡하더라도 연세가 있으신 두 기부자를 도와서 절차를 진행해보기로 했다.

상속과 유산 정리가 까다로운 것은 유산의 유형이 매우 다양하여 일이 많을 뿐 아니라 그와 관련해 처리해야 하는 세금 문제도 복잡하기 때문이다. 상속 재산을 나누는 과정에서 상속자들이 누가 무엇을 차지하고 어떤 방식으로 처분하고 관리할 것인지 잘 협의한다면 비교적 과정이 수월해진다. 그렇지 못한 경우에는 그 기한을 쉽게 산정할 수 없고, 아무리 잘 협의한다 하더라도 상속 처리에 최소 몇 달이 걸린다.

그런데 형제간에 이견이 생기기 시작했다. 사업 수완이 있는 한 형제가 연로하신 다른 형제들에게 자신이 사업을 운영해 재산을 더 불릴 수 있는 방법을 제안하면서 상속인 간에 입장이 갈리기 시작한 것이다. 한 부모에게서 난 형제이지만 한번 틈이 생기기 시작하자 사사건건 목소리가 높아지고 감정이 상하는 일이 잦아졌다. 각자 선의로 이야기하는 것인데도 신뢰가 깨지니 계속 오해가 쌓여갔다. 형제 중 한 분은 마음이 불편해서 상속 포기 각서를 냈고, 나머지 형제는 몇 년에 걸쳐 끝까지 재산 정리를 진행했다. 결국 수백억 대에 이르던 재산은 이리저리 떼이거나 제대로 활용되지 못해 반 토막이 났고, 세금 감면도 받지 못했다.

어느 날 갑자기 내가 대단한 부자의 상속자가 되었다는 연락을 받으면 기분이 어떻겠는가. 상상만 해도 기분이 좋고 기대에 부풀 것이다. 하지만 막상 현실이 되면 골치 아픈 일이 한두 가지가 아니다.

부자라 해서 엄청나게 큰돈을 받을 줄 알았는데, 이것저것 따져보니 빚을 청산하고 나면 남는 게 하나도 없는 경우도 있다. 또 재산이 많다고 해서 다 좋은 것도 아니다. 재산의 내용이 어떤지, 실제로 현금적 가치가 높은지 아니면 유지하느라 비용만 더 드는 것은 아닌지, 얽혀 있는 복잡한 이해관계나 권리관계는 없는지도 알아봐야 한다.

평소에 재산이 많아서 여러모로 따져봐야 할 것들을 잘 알고 있는 사람은 그래도 괜찮다. 더듬더듬하면서 사실관계를 확인해 가며 중요한 결정들을 할 수 있다. 그런데 살면서 목돈을 만져본 적이 없고, 부동산을 관리하거나 거래나 투자를 해본 적도 없어서, 처분할 때 무엇을 중요하게 살펴야 하는지 모르는 사람은 엉뚱한 결정을 하면서도 잘못하는지조차 모르는 경우가 태반이다. 이런 시행착오는 특정한 사람들만 겪는 것은 아니다. 펀드레이저인 나 역시도 그런 과정을 거쳐왔다.

비단 유산 기부만이 아니다. 이따금씩 부동산을 기부하겠다는 연락을 받곤 한다. 처음에는 부동산은 다 좋은 것인 줄 알았다. 큰 기대를 안고 상담을 하다 기부 물건이 남도의 무인도라든가, 인적이 드물고 개발도 되지 않은 산 중턱의 땅이라든가, 하천 둔덕, 또는 기찻길 옆의 길쭉한 땅인 것을 알게 될 때가 있다. 이쯤 되면 기부하는 사람 입장에서는 기부가 아니라 쓸모없는 짐을 덜어내기 위한 처분인데 받는 입장에서는 부동산을 많이 다루어보지 않았으니 거절하기에는 뭔가 아쉬웠다. 이런 경험을 몇 번 하고 나니 이제는 일찌감치 물건의 가치를 판단하고 가치 있는 것만 받는 노하우가 생겼다.

보통 살아가면서 준비가 부족하면 아쉬움이 남을 때가 많다. 그런데 상속은 준비가 부족하면 아쉬움 정도가 아니라 낭패를 볼 수도 있다.

한 사람이 수십 년간 살면서 남겨놓은 흔적들을 정리하는 것이 어찌 쉽겠는가. 그것을 돈으로만 보는 것이 가장 안타까운 일이고, 돈만 본다고 하더라도 물려받은 것을 보전하지도 못하고 날려버리는 것은 더 가슴이 아프다.

마일스톤 효과

장기간 여행을 떠날 때 보통은 여정을 챙긴다. 집을 나가서 돌아오는 시간까지 한 지역에서만 지내다 오는 경우도 있지만, 여러 도시와 거점을 거칠 수도 있다. 한 지역에서만 머무는 여행은 비교적 준비가 간단하다. 하지만 그렇지 않고 여러 지역을 방문하는 경우는 좀더 준비할 것이 많아진다. 여행이 길면 각 구간별로 중요한 목표를 따로 정하기도 한다. 도시별로, 중요한 일정별로 구간을 나누고, 각각의 일정을 상세하게 준비한다. 힘이 더 드는 대신 복잡한 여행은 볼거리도 재미도 더 풍성하다.

구간이 설정되어 있으면 유익한 점이 있다. 그때그때 중요하다고 미리 정해둔 것에 따라 집중하는 것들이 달라지기 때문에 구간별로 여행의 특색과 음미하는 내용을 최대한 살릴 수 있고 전체적으로 여정이 다채로워진다. 다소 긴 시간을 쪼개서 야무지게 사용하니 지루함도 덜하다. 가장 유익한 것은 어느 한 구간에서 지독하게 나쁜 날씨를 만나 일정을 망쳤다 하더라도 다음 구간에서는 새로운 여행으로 다시 시작할 수 있다는 점이다. 어제의 우울한 일정이 오늘까지 우울하게 만들지 않을 수 있다.

장거리 여행이 성공적이려면 마일스톤(milestone, 이정표)이 필요하다. 적절한 중간 목표와 구간을 설정해두고 제대로 진행되고 있는지를 살펴보면서 길을 잃지 않도록 하고, 어느 지점에서는 전체 목표를 위해 한 번씩 피치를 올리기도 한다. 42.195킬로미터의 마라톤을 완주하는 데 마일스톤은 큰 도움이 된다.

조지 우George Wu 시카고대 교수가 시카고 마라톤, 베를린 마라톤 대회 등에 참가한 마라톤 완주자 900만 명의 자료를 분석했더니 대부분의 주자가 완주한 기록이 3시간 30분에서 5시간 사이인 것으로 나타났다. 그런데 세부적인 내용을 그래프로 그려보았더니 아주 특이한 점이 발견되었다. 전체 구간에서 그래프의 곡선이 부드러운 형태가 아니라 30분 단위로 톱니처럼 삐죽한 모양이었다. 30분을 주기로 임계점(3:00, 3:30, 4:00, 4:30, 5:00)

지점에서 기록이 솟아오르는 것이다. 완주를 앞둔 마지막 구간에서 주자들은 이왕이면 임계시간을 넘기지 않고 그 시간 안에 주파하려고 이를 악물고 달리기 때문이라는 설명이다. 예를 들면 3시간 59분 59초와 4시간은 겨우 1초 차이지만 3시간 대로 통과하기 위해 1초를 단축시킨다는 것이다. 이를 '마일스톤 효과 milestone effect'라고 한다.

여정이 길면 맨 처음의 계획이 끝까지 좋은 계획으로 남는 경우는 극히 드물다. 장기적인 프로젝트도 그렇다. 시간이 길어질수록 더욱 그렇다. 처음 계획은 어디까지나 착안일 뿐이다. 일이 진행되고 나면 상황이 달라지고 추가적인 정보가 생기면서 판단이 달라진다. 새로운 문제가 등장하기도 하고 역할이 달라지기도 한다. 적절하게 객관성을 유지하면 다행이지만, 사안에 너무 매몰되면 길을 잃는 경우도 허다하다.

다른 사람이 두는 바둑판에 훈수를 둘 수 있는 것은 객관성이 보장되기 때문이다. 정작 내기바둑을 두는 당사자가 되고 나면 눈을 뜨고 열심히 보고 있으면서도 집을 잃어버리기도 한다.

뭔가 이상하다거나 길을 잃었다는 느낌이 들면 재빨리 지도를 펼치고 어디서부터 잘못되었는지를 찾아야 한다. 계획은 늘 수정되고 새로 고쳐질 수 있다는 것을 빨리 받아들이는 것이 좋다.

삶은 긴 여정이다. 인생의 목표를 처음부터 완벽하게 세우고 가는 사람은 아무도 없다. 요즘은 어릴 때부터 부모가 자녀의 진로를 탐색해주고 중학교, 고등학교에서도 대학 진학을 위해 진로를 정하라고 채근한다. 아직 자기 자신에 대해 충분히 이해하지도 못하고 세상에 대해서도 바로 알 기회가 없고 고작 인터넷을 통해 커스터마이징되는 정보를 통해 세계관을 정립해가는 지금의 젊은 세대들은 미처 방황해본 경험을 할 겨를도 없이 인생의 목표를 세우도록 강요받는다. 그래서 지금 세대들은 길을 찾기가 더 어려운 듯하다.

충분히 방황하고 실패를 경험해본 어른들도 여전히 인생을 살아가는 데는 초보자다. 내 인생의 49세는 나도 처음이니 살다보니 지금 여기에 이르렀고 내가 60세에 무엇을 하고 있을지, 70세에는 어떤 모습일지 확신하기 어렵다. 미리 알고서 선택한 일이 아니니 지난 일에 대해서는 후회가 있다고 해도 돌이킬 수는 없다. 다만 후회를 적게 하기 위해 미리 중간 점검을 해볼 수는 있다. 취업, 30세, 40세, 50세, 60세, 그리고 은퇴를 앞두고 지난 시간들을 돌아보는 것이다. 또는 첫 직장에서의 생활, 두 번째 부서에서의 경험, 세 번째 연애, 첫아이의 육아 등 특정한 사건과 시기에서 내가 얻은 경험을 정리해볼 수 있다. 그동안 자신이 바라고 추구한 것이 무엇이었는지, 지난 10년 동안 스스로 칭찬해 줄 만하거나 후회스러운 일이 무엇인지, 앞으로 다가올 10년에는 어떤 삶을 살고 싶은지를 생각해보고 작은 변화를 담아 새로운 출발을 시도해보는 것이다. 직장을 옮기거나, 사는 동네를 바꾸어보거나, 공간을 새롭게 꾸미거나, 새로운 일상을 만들어보는 등의 시도들은 지난 시간과 분리되어 새로운 출발 지점을 설정하는 데 도움이 된다.

떠나는 자의 지혜

이직하는 사람들은 그것이 자의든 타의든 떠날 때의 마음은 참 복잡하다. 분명한 목적지가 정해져 있거나 새로운 일자리를 미리 찾아두었거나 할 일에 대한 계획을 명확히 세워둔 사람은 그래도 홀가분하겠지만 대부분은 마음이 복잡하다. 앞이 보이지 않으니 자꾸 뒤를 돌아보게 되고 원래 갖고 있던 것에 대한 집착이 커진다. 스스로 떠나기로 결정했다 해도 미련이 남는 것은 마찬가지다.

친구들끼리 한자리에 모여 수다를 떨다 보면 중간중간 뒷말이 끼어든다. 자리에 없는 누군가의 이야기로부터 시작되지만 이내 그 도마 위에 누가 올라갈지 모르니 농담처럼 화장실도 가지 말아야 한다고들 한다. 실제로도 자리를 떠난 사람은 남겨진 사람들에게 평가를 당하기 마련이다. 자리를 옮기고 났을 때 떠난 자리와 남겨진 일을 보면 그 사람이 다시 보인다. 그를 붙들지 못한 것이 후회로 남는 사람이 있는가 하면 앓던 이가 빠진 것처럼 속 시원하다고 여겨지는 사람도 있다. 떠난 사람은 늘 불리한 입장에 처하게 된다. '내가 없어서 일이 안 돌아가면 어쩌나' 하고 걱정하는 사람도 있겠지만 누가 자리를 뜬다고 해서 세상 일이 안 돌아가는 경우는 거의 없다.

나는 여러 차례 이직을 경험한 탓에 '떠나는 자'의 지혜가 생긴 것 같다. 가장 좋은 태도는 내 자리가 영원히 계속될 것이라는 착각에서 벗어나 언제라도 그만두게 될 수 있음을 기억하고 평소에 깔끔하게 정리해두는 것이다. 오늘이 내 삶의 마지막 날인 것처럼 아쉬움 없이 최선을 다하고 나서 해가 질 때는 내일이 다시 오지 않을 수 있다는 것을 명심하는 것이다. 내일 아침 내 책상이 모두에게 공개된다 하더라도 부끄러움이 없게 중간중간 정리를 해야 한다. 외국 기관들과 일하면서 그들이 퇴직을 할 때 종이박스 하나에 담길 물건들만 챙겨서 떠나는 것을 종종 보고 듣는다. 그 많은 개인 짐들은 미리 치워두었나 싶지만 애당초 개인의 사사로운 물건은 가져다두지도 않는 경우가 많다는 것이다. 평소에 정리해두면 나중에 부산해질 필요가 없다. 부끄러움에 대한 염려는 미처 정리하지 않은 자의 몫이다.

떠난 이후에 남는 것은 그 사람에 대한 기억이다. 떠난 이에게도 보낸 이에게도 흔적은 남는다. 인수인계 서류에 몇 자 더 적어주었다고 해서 뒷사람에게 그리 큰 힘이 되는 것은 아니다. 하지만 정성껏 챙기고 정리해서 뒷사람에게 하나라도 도움이 되고자 배려하고 떠난 사람의 자리에는 고마움의 시선이 머문다. 나의 남겨진 자리에 어떤 시선이 깃들기를 원하는가.

누가 '눈치게임'에서 승자가 되는가

눈치게임의 진행 방식은 매우 단순하다. 여럿이 둘러앉아서 서로의 눈치를 보면서 한 명씩 숫자 1, 2, 3…… 을 외치면서 일어나야 하는데 다른 사람들과 동시에 같은 숫자를 부르지 않도록 주의해야 한다. 다른 사람과 동시에 같은 숫자를 외치거나 숫자를 부르지 못하고 마지막까지 남아 있는 사람은 벌칙을 받게 된다. 게임 초반에 먼저 용기를 내서 미리 자기 순서를 챙긴 사람이 가장 마음이 편하다. 언제 일어설지 남의 눈치만 보다가 제 순서를 미처 챙기지 못한 사람은 어느 순간 패자가 되어버린다.

직관적으로 적절한 타이밍을 알아서 챙기는 사람이 게임의 승자가 된다. 처음에는 급할 것이 없다. 하지만 남들의 반응을 보면서 적당한 때를 선택하겠다고 여유를 부리다 보면 어느새 다른 사람들이 순서를 다 낚아채가고 자신은 끝까지 한번 일어나보지도 못한 채 패자가 된다. '이럴 줄 알았으면 조금만 더 빨리 일어날 것을……' 하고 후회해도 소용없다.

인생도 어떤 점에서는 눈치게임과 같다. 내 삶의 시계가 영원할 것이라고까지 생각하는 사람은 없겠지만, 대부분 내일은 으레 찾아올 것이라는 착각을 안고 산다. 지금은 때가 좋지 않아서 못 하더라도 나중에 하면 된다고 생각한다. 그 적절한 때가 오기는 할까. 한참 지나고 난 후에 우리는 시간에게 배신을 당했다는 사실을 깨닫는다.

사실 시간은 항상 부족하다. 아무리 오랫동안 열심히 준비해도 부족한 것이 시간이다. 수능시험 날짜를 1년 전부터 알고 있던 수험생은 마지막 순간에 시간이 부족해서 쩔쩔매고, 변호사 시험을 앞둔 고시생 역시 늘 시간이 부족하다. 평생 자녀를 기르고 뒷바라지해서 이제 혼례를 치러주려는 부모는 자식을 챙겨줄 시간이 모자라고, 연로한 부모를 둔 자식은 효도할 시간이 부족하다.

시간은 빛을 바래게 하는 힘이 있다. 어떤 일은 시간이 지남에 따라 아름다운 추억이 되기도 하지만 어떤 일은 숨기고 싶고 지우고 싶은 흔적으로 남기도 한다. 아이러니하게도 아름다웠던 시간보다는 아쉽고 씁쓸한 일이 오래 기억에 남는다. 그 아쉬웠던 기억마저도 애써서 좋은 추억으로 남기려고 매만지지 않으면 아련히 잊히게 된다. 시간이 지나면서 잘 정리해두지 않은 것들은 뒤죽박죽 섞이고 원래의 흔적을 알아보기 어려운 일들이 되기 십상이다. 그러니 사진기와 녹음기는 어느 한때의 장면과 소리를 잘 저장해서 언젠가 다시 꺼내보고 기억을 되살릴 수 있기 때문에 시간을 보관하는 인류의 가장 훌륭한 발명품이라 해도 과언이 아닐 것 같다.

고통스러운 일을 겪은 사람들에게 하는 가장 흔한 위로의 말은 "시간이 지나면 좀 괜찮아질 거야"라든가 "이 또한 지나가리라"이다. 말 그대로 지금 당한 일에 대한 격한 감정이나 어려운 상황이 시간이 지나면서 수그러들거나 나아질 수 있다는 위로다. 정말 시간이 약일까? 어쩌면 지금 문제를 직면해서 풀어야 할 것들을 푼다면 시간이 지나면 괜찮을 거라는 말 자체가 굳이 필요하지 않을 수도 있다. 다만 직면하기가 어려울 뿐이다. 지금 맞닥뜨리기 어려운 일들이 시간이 지난다고 해서 저절로 해결되지 않는다. 시간이 지나면 모든 사실이 좀더 객관화되고 판단도

명료해질 수는 있다. 그렇다고 그것이 상황을 해결해주지는 않는다. 무작정 기다린다고 '적당한 때'가 오는 것은 아니다.

돈과 죽음의 공통점

요즘처럼 돈을 최고의 가치요 절대 선인 것처럼 떠받들었던 시대는 없었던 거 같다. 돈을 좇는다고 비난할 일은 아니다. 또 돈을 마냥 평가절하하는 태도 역시 좋지 않다. 모금을 할 때 제일 극복하기 어려운 문제가 돈에 대한 두려움이다. 돈에 관한 언급은 모든 사회에서 터부시된다. 노골적으로 돈을 밝히면 저급해 보이고, 돈에 대해 무지하면 능력이 없어 보인다. 돈이 인생의 목적이 되어버리면 피도 눈물도 없는 사람이 되고, 돈과 무관하게 살면 삶이 피폐해진다. 돈이 너무 많으면 염려가 늘고 돈이 너무 적어도 근심 걱정이 끊이지 않는다. 돈 이야기를 꺼리는 가풍이나 문화 때문에 돈을 잘 배우지 못하거나 돈에 대해 막연한 생각만 갖고 있으면 돈을 벌기도 어렵지만 벌어도 제대로 관리하기가 힘들다.

나와 같은 모금가들을 위한 교육에서 가장 먼저 하는 일이 돈에 대한 올바른 이해를 갖도록 하는 것이다. 돈의 속성과 돈 가진 사람의 마음을 이해하고, 돈에 대해 중립적이고 명확한 태도를 가져야 함을 강조한다. 그러지 않으면 돈 가진 사람에게 압도되거나 휘둘리거나 아예 돈을 받지 못할 수도 있기 때문이다. 좋은 모금가는 돈이 가치 있게 쓰이는 법과 좋은 관리자에 대해 충분히 숙고함으로써 명확한 신념을 가져야 한다. 또한 돈을 피할 것이 아니라 돈을 다룰 줄 아는 사람이 되어야 한다.

죽음도 돈과 비슷하다. 조금 멀리 떨어져서 남의 일처럼 보면 생각이 달라진다. 죽음을 잘 준비하려면 먼저 죽음을 이해해야 한다. 신앙은 죽음이 무엇인지를 잘 설명해준다. 간혹 신앙인의 비도덕적 삶과 이기적인 모습에 실망한 이들이 종교가 타락했다고 비난하는 경우도 있지만 사실 종교는 현세에서의 도덕적 행위보다는 죽음과 내세에 관한 것이 핵심 주제다. 내세가 중요하기 때문에 내세에서의 구원을 위해 현세 또한 바르고 선하게 살아가야 한다는 믿음이다. 적어도 신앙인에게 죽음은 끝이 아니라는 말이다.

성경에서는 죽음을 '모든 인간이 한번 겪어야 할 일'이라고 정의하고, 분리 또는 단절이라는 의미로도 많이 사용한다. 죽음은 모든 사람들이 어차피 한번 겪을 일이고 그 후에 다른 차원의 내세가 있다고 믿는다면 마땅히 내세를 준비하려고 할 것이다. 그래서 크리스천들은 죽음을 피하기보다는 어떤 죽음을 맞을 것인지, 그 이후에 어떻게 되기를 바라는가에 대해 많이 질문하고 답을 구한다. 한편 신앙이 없는 사람들은 내세를 믿지 않기 때문에 죽음이 생의 마지막 순간이 된다. 자신의 '죽음 이후'를 염두에 두지 않기 때문에 죽음에 대한 준비는 결국 남은 이들의 몫이 되고 만다.

죽음 이후가 어떻다고 장담할 수 있는 사람은 아무도 없다. 오직 신만이 아신다. 죽음 이후에 내세가 없다면 신앙인이나 비신앙인이나 결말은 같겠지만, 만약 죽음 이후의 세계가 존재한다면 상황은 많이 달라질 듯하다.

나는 나의 죽음에 책임이 있다

죽음은 혼자만의 문제가 아니다. 고인에게는 종착역이지만 남은 사람에게는 새로운 숙제가 생긴다. 그래서 죽음에 대한 준비가 필요하다.

죽음을 준비할 수 있는 사람은 오로지 당사자뿐이다. 남이 대신 해줄 수도 없고 해서도 안 된다. 부모의 죽음이 염려가 돼서 자식이 부모에게 죽음과 그 대비에 대해 말을 꺼내기라도 하면 마치 부모의 죽음을 기다리고 있는 것처럼 비칠 것이 아니겠는가.

고령사회가 되면서 노인의 치매와 정신질환이 늘고 있다. 그에 따라 성년후견인 제도가 생김으로써 중요한 의사결정을 타인에게 맡기는 일이 있기는 하지만, 죽음은 여전히 그리고 온전히 자신의 문제다.

할 수만 있으면 건강하게 오래 살고 싶고, 사는 동안은 죽음 따위는 생각도 하고 싶지 않다. 이것이 보통 사람들의 일반적인 생각이다. 죽음이라는 말을 입에 담는 것은 아무래도 싫다. 결국 죽음을 위한 준비는 내키지 않는 일이 되고 만다.

상속도 마찬가지다. 상속을 하고 나면 죽을 날이 곧 다가올 것 같다고 하는 이들도 있다. 주변에 친한 이가 중병에 걸렸거나 상을 당했다는 소식을 전해 들으면 남의 일 같지 않아서 마음이 철렁 내려앉지만 당장 어떤 행동으로 옮기지는 않는다. 언젠가 적당한 때가 되면 정리할 것이라고 생각은 하면서도 선뜻 실천하지는 않는 것이다. 그러다 어느 날 갑자기 몸이 안 좋아지거나 무언가 이상신호가 오면 마음이 조급해진다.

내가 죽으면 무슨 일이 일어날까? 비보가 전해지자마자 빈소를 꾸리고 우왕좌왕하면서 3~4일은 장례를 치르느라 온 가족이 분주할 것이다. 장례 일정이 끝나면 가족들은 나와 관련된 모든 것들을 한꺼번에 다 정리하려고 할 것이다. 몇 가지 간직하고 싶은 간단한 상징물은 챙겨두겠지만, 쳐다보면 가슴 아프고 짐만 될 것들은 가급적 처리하려 할 것이다.

내가 꽁꽁 숨겨놓은 용돈과 보석은 영원히 못 찾을 수도 있고, 아까워서 입지 않고 걸어두기만 한 좋은 옷들은 필요한 사람들이 나눠 갖거나 한꺼번에 재활용함이나 소각함으로 향할 것이다. 집 안 구석구석에 내가 남긴 흔적들은 한꺼번에 소제되고 처분되어서 거의 남지 않을 것이다. 그나마 사진첩이나 잘 정리해두고 일기장이라도 가지런히 모아두었으면 남은 식구들이 들춰보면서 나와 함께했던 시간들을 추억 삼아 더듬어 보겠지만 정리되지 않은 자료들은 곧장 쓰레기통으로 직행할 것이다.

애지중지했던 사업의 결과나 일의 흔적은 남은 사람들에게는 별 의미가 없다. 누군가가 대신 일을 맡게 되면 그다음은 후임자의 몫이다. 내가 사라지면 일이 진행되지 않을 것 같지만 내가 없어도 일은 돌아가게 마련이다. 혹시라도 그렇게 열심히 하던 일들이 멈추고 아끼던 것들이 사라져도 죽은 자는 알지 못한다.

내 죽음은 과연 나만의 몫일까. 내가 죽었을 때 정작 힘든 사람은 내가 아니라 가족이다. 남은 사람은 고인을 제대로 사랑하지 못했고, 제대로 감사하지도 못했고, 함께 여행을 가거나 시간을 보내지도 못했고, 말 한마디 따뜻하게 하지 못한 것이 한이 된다. 보고 싶어도 볼 수가 없고 목소리를 듣고 싶어도 들을 수 없고 남은 것은 기억뿐인데 왜 충분히 좋은 추억을 만들지 못했는지 속이 상한다.

가끔은 부모의 장례가 아직 끝나지도 않았는데 속도감 있게 재산부터 정리하는 사람들이 있다. 장례가 끝나기도 전에 통장을 찾고, 부동산 등기를 떼보고, 미리 증여해둔 재산이 누구에게 얼마나 갔는지를 따진다. 부모를 잃은 슬픔과 애도는 간데없다.

생전에 남은 이들을 위한 정리를 미리 해둔다면 상황은 좀 달라질 것이다. 장례와 후속 조치에 대해, 재산 정리와 유산 상속에 대해, 가족과 여러 소중한 이들에게 전하고 싶은 말들에 대해, 자신이 어떤 마음으로 살아왔는지에 대해 진솔하게 털어놓았다면, 우리는 장례의 기간을 온전히 애도의 시간으로 보낼 수 있을 것이다. 남은 자들이 고인이 남긴 삶을 되새기고 서로를 위로하고 다독이며 우애를 다질 것이다.

생전에 미리 정리를 해둔다고 하면 대부분 재산 상속을 떠올린다. 물론 재산 상속은 중요하다. 상속 문제를 제대로 준비해두지 않으면 유족 간에 갈등의 원인이 되고 법적으로도 세무상으로도 큰 어려움을 불러오기도 한다. 돈 문제라서 그렇다. 은연중에 우리는 돈이 가장 중요하다는 생각을 가지고 산다. 세상에는 온통 돈을 버는 이야기뿐이다. 주식 투자하는 법, 부동산 재테크, 성공 전략 등 서점에 가면 돈을 벌고 성공하는 방법을 알려주는 책이 넘친다. 경기가 어려울수록 더하다. 그런데 돈을 잘 쓰고 잘 남기는 법을 알려주는 책은 아무리 찾아봐도 없다. 잘 받고 잘 지켜낼 생각만 하지 잘 쓰고 잘 남길 생각은 거의 하지 않는다. 하지만 돈 이상으로 중요한 것이 또 있다. 삶과 존재의 문제다. 고리타분한 철학적 주제처럼 들리기도 하겠지만 사람이 돈보다 중요하다는 것만큼은 아무도 부인할 수 없는 사실이다.

지켜야 할 것이 많은 사람은 두려움과 염려도 크다. 그 지키지 못할 것에 대한 두려움 때문에 준비해야 한다는 경각심이 저절로 드니 지켜야 할 것이 많다는 것과 두려움을 갖는 것이 꼭 나쁜 것만은 아니다. 언제 찾아올지 모르는 죽음을 미리 생각하고 아직 건강할 때 준비해두어야겠다고 결정하는 사람들은 유언장을 쓴다. 냉철하고 지혜로운 선택이다.

유산을 기부하겠다는 분들을 만나보면 이미 그분들의 내면에는 가족과 상속에 대한 고민이 상당히 숙성되어 있다. 가업 승계, 자녀들의 화목, 자기 고민 내려놓기, 남은 생의 방향성을 정하고 중요한 것들만 챙기기, 그리고 재산을 정리하기 등등. 이 과정에서 기부자들은 재산의 일부를 '세상에 도움이 되는 귀한 일'에 쓰고 싶어서 자녀들을 위한 상속과 더불어 사회에 대한 상속을 한편에 끼워넣는다.

Part 3

멋진 마무리와 상속의 기술

행복하게 여행하려면 가볍게 여행하라.

_ 앙투안 드 생텍쥐페리

유언=인생 계획

'중요한 의미가 있는 이벤트'라는 뜻을 가진 '의식ritual'의 어원은 라틴어 'ritus'로 '성스러운 관습'이라는 뜻을 포함하고 있다. 한 시대와 사회에 통용되는 사회적 관습이라고 볼 수도 있지만 특정한 조직이나 지극히 개인적인 차원에서의 의식도 얼마든지 있을 수 있다.

사람들은 중요하고 의미 있는 순간을 기념하고 그 의미를 오래도록 새기기 위해서나 새로운 출발을 알리기 위해 또는 스스로 새로운 삶을 살고 싶을 때 의식을 빌려온다. 실제로 의식은 이를 행하는 사람들의 생각과 행동에 영향을 준다. 우리는 일상에서 수많은 의식을 치르고 산다. 돌잔치, 입학식과 졸업식, 성년식과 결혼식, 요즘은 잘 쓰지 않는 말이지만 임명을 위한 사령식使令式도 있고, 은혼식과 금혼식 등도 있다. 연말연시에 지난 해를 보내고 새해를 맞이하며 밤 12시에 보신각 타종을 기다리거나 일출을 보러 가는 사람들의 행동도 의식이다. 시대과 세대에 따라 유행하는 의식도 다르다. 예전에는 부모님의 환갑잔치가 시골 마을의 중요한 행사였는데, 요즘은 칠순도 가족여행으로 대신하고는 한다. 각각의 의식은 그 행하기 전과 이후가 다르다. 신분의 변화가 생기거나 삶의 국면이 달라진다.

의식은 새로운 세계, 새로운 삶으로 나아가기 위해 묵은 생각을 덜어내주는 효과도 있다. 변화할 상황을 기꺼이 받아들이고 새로운 상황에 적합한 행동을 다짐하고 적극적으로 살아가도록 마음의 각오를 불러일으킨다. 의식을 통해 내면의 밑바닥에 잠재되어 있던 두려움과 걱정, 불안함 등을 미리 끄집어내 당당하게 직면하고 어려움을 해소하는 계기로 삼기도 한다.

미국의 작가이자 에디터인 메이슨 커리의 『리추얼』이라는 책을 보면, 새로운 것을 만들어내는 능력이 매우 뛰어난 소설가, 작가, 화가, 과학자, 영화감독 등 약 400명의 세계적인 창조자들을 7년간 분석한 결과 한 가지 공통점이 발견되었다고 한다. 그들에게는 일상에서 행하는 자신들만의 의식이 있었다. 매일매일

반복적이고 시작도 끝도 불분명한 일상 속에서 매 순간을 빛나게 하고 열정적일 수 있도록 하는 비결이 의식이라는 것이다. 의식은 분명히 삶을 새롭게 하는 데 도움이 되고, 마음을 정돈하고 행동을 다잡는 데도 유익하다.

유언 쓰기는 그런 점에서 우리의 삶을 새롭게 시작하는 데 필요한 하나의 의식이다.

유언 하면 무엇이 떠오르는가. 혹 이순신 장군이 떠오르지 않는가. 이순신 장군이 치열한 전투 중에 장렬하게 죽으면서 유언을 남기는 장면이 영화 〈명량〉에도 등장한다. "전투가 바야흐로 급하니 나의 죽음을 말하지 말라." 어떻게 죽는 순간에 그토록 의연할 수 있었을까.

유언으로 남겨진 유명한 말들을 몇 가지 찾아보았다. 고려의 태조 왕건은 "인생은 원래 그렇게 덧없는 것이다"라고 했고, 애플의 스티브 잡스는 "결국 언젠가는 커튼이 드리워지는 시기가 올 것입니다. 자기 자신에게 친절하고, 다른 사람들을 소중히 여기십시오"라고 유언을 했다고 한다. 한편 친일파 이완용은 "내가 보니까, 앞으로 미국이 득세할 것 같으니 너는 친미파가 되어라"라고 했고, 연산군은 "중전이 보고 싶구나"라고 했다고 한다. 짤막한 한두 줄의 표현이지만 그 사람이 생의 마지막 순간에 남긴 유언은 그 사람의 가치관을 그대로 잘 드러내는 것 같다.

보통 유언은 죽는 마지막 순간에 남기는 말Last words이라고 생각한다. 그런데 죽는 순간에 정말 저와 같은 유언을 남기는 일이 가능할까? 질병이나 사고로 인한 죽음이라면 마지막 순간에 유언을 남기는 것이 쉽지 않다. 그런데 대부분의 사람은 그런 이유로 죽음을 맞는다. 사망을 할 정도의 사고가 났다면 대체로 의식을 잃을 가능성이 높고, 그 사고 또한 예고된 것이 아니어서 사랑하는 이들에게 작별인사 한마디 건네는 것이 거의 불가능하다. 병으로 인해 죽음이 가깝다면 이미 기력이 쇠하고 정신이 또렷하기 어려우며 입술을 움직여 말 한마디하는 것조차도 힘이 드는 경우가 많다. 살아갈 이유를 잃어버려서 마음 아프게 자살을 선택하는 사람들이 유서를 남기는 경우가 종종 있지만 이 또한 대부분 남은 이들을 배려한다기보다 자살을 선택할 수밖에 없었던 자기 상황에 대한 설명이자 지켜보는 이들에게 더욱 가슴 아픈 현실을 인식시켜주는 억울함의 토로다.

죽음의 순간은 영화처럼 낭만적이지 않다. 그나마 가족이 마지막 임종을 함께할 수 있다면 복이라고 한다. 그러니 유언은 마지막 순간까지 아껴둬야 하는 말이 아니라 구상하고 미리 정리해놓아야 하는 것이다.

유언은 아직 충분히 여유가 있을 때 하는 것이다. 유언은 말로 전달하는 것보다는 종이에 차분히 써내려가는 것이 더 좋다. 먼저 지금까지의 인생을 차분히 돌아보고 이성적으로 판단해서 남은 삶에 대한 계획을 세우는 것부터 시작된다.

유언을 쓰는 시간은 성공을 위해, 가족을 위해, 그리고 노후를 위해 열심히 수고하며 살아온 과거의 삶에 잠시 쉼표를 찍고 생각하는 시간이다. 나에게 주어진 앞으로의 시간을 더 행복하게 잘 살기 위해 과거를 정리하고 홀가분하게 덜어내는 시간이다. 기왕이면 나 자신과 배우자, 자녀들과 그 배우자들, 손자들, 친구와 오랜 직장 동료들, 아끼던 공간들, 오랫동안 섬기던 공동체에도 의미를 더하고 남은 삶 동안 어떻게 지낼지를 설계하는 시간이며, 내 마음과 시간을 지혜롭게 배분하는 시간이다. 더 늦기 전에 지난 시간 동안 고마웠던 사람들과 일들에 대해 도리를 다하고 고마움을 전해서 삶의 묵은 숙제를 해결하는 시간이기도 하다. 앞만 보고 열심히 살아오던 내 인생을 다방면에서 조명해 보고 다시 아름답게 재디자인하는 시간이다.

인생을 돌아보면 항상 혼자가 아니었다. 가족과 벗이 있고 동료가 있고 파트너가 있었다. 내가 머물던 공간이 있고 내가 속한 공동체와 사회가 있고 내가 국민으로서 살아갈 수 있도록 지켜주는 국가가 있다. 내 삶의 영역과 시공은 나에게 소중한 울타리이고 나의 세계이기도 하다. 지난 시간 동안 함께해온 사람들과 앞으로도 계속해서 더 많은 좋은 것들을 함께하기 위해 감사하는 마음을 표현하는 시간이 필요하다. 경우에 따라 버려야 할 것들도 있다. 체면 때문에 혹은 눈치가 보여서 하던 일이 있다면 과감하게 생략하거나 쳐내도 좋다. 유언 쓰기는 이런 것들을 정리하게 해준다.

나의 장례식을
준비하라

미국의 배우 제임스 스페이더James Spader가 아직 젊었을 때 명변론으로 빛을 내뿜은 법정 드라마 〈보스톤 리걸Boston Legal〉(2004~2008)은 자그마치 100편이 넘는 에피소드를 남겼다. 이 작품은 등장인물들의 캐릭터가 엉뚱하고 익살과 해학이 넘치면서도 사회학적 담론과 시사점을 예리하게 담고 있어서 법정 드라마의 전설로 꼽힌다. 이 드라마의 한 에피소드 중에 암 치료제 개발 실험과 관련된 소송에서 소송 의뢰인인 대니얼이 자신을 변호하던 여자 변호사 드니스와 사랑에 빠지는 장면이 나온다. 대니얼은 암환자였고, 자신의 암 치료를 위해 임상실험 결과를 바꿔치기하는 사건 때문에 드니스를 알게 된 것이다.

어느 날 대니얼이 드니스와 이런 이야기를 주고받는다.

대니얼: 드니스, 내일 저녁 내 장례식에 함께 가시겠어요? 리무진 타고 TV도 보고 키스도 하고…….

드니스: 장례식 가는 길에 키스하는 거 좋아해요. 특히 여기 있는 장례식의 고인과 하는 키스라면…….

대니얼: 자기 장례식에 참석하고 싶어 하는 게 뭐가 문제겠어요. 죽을 때까지 기다리면 장례식에서 사람들이 하는 좋은 이야기들을 하나도 못 들을 텐데…….

다음 날 저녁 두 사람은 어느 바에 도착한다.

드니스: 바에서 장례식을 하는 건가요?

대니얼: 장례식장은 너무 일찍 문을 닫거든요. 게다가 술도 없고요. 자, 우리 부모님을 소개해줄게요.

드니스: 부모님이 오셨다고요?

대니얼: 그럼요, 여긴 내 장례식이잖아요.

장례식에 참석한 모든 사람들의 드레스코드는 보스턴 하키

팀의 하키 캐주얼이다. 손에 맥주병을 든 한 청년이 나서서 대니얼을 위한 말을 하고 참석자들은 사랑과 응원의 환호를 보낸다.

> 잠시 주목해주세요. 오늘 밤 우리들은 경의를 표하기 위해 여기 모였습니다. 헤이 대니얼, 유언장에다 내 몫은 얼마나 남겨줄 거예요? (웃음) 우리들 모두 대니얼을 좋아해요. 좀더 진지하게 말해볼께요. 저희 부모님이 돌아가시고 나서 나를 돌봐준 사람이 대니얼이에요. 그는 언제나 항상 그 자리에 있었죠. 지금도 그렇고, 앞으로도 계속 우리 곁에 있을 거예요. 대니얼, 사랑해요.

유쾌하면서도 슬픈 장면이다. 이 장면이 인상적이었던 것은, 장례식이 누구를 위한 것인가에 대한 생각을 던져주었기 때문이다. 장례식의 주인공인 대니얼은 자신이 아끼는 모든 사람을 직접 초대했고, 조문을 온 사람들과 함께 즐거운 시간을 보내며 자신이 직접 작성한 유언을 모든 사람 앞에서 들려주었다. 사람들은 그의 앞에서 고마움과 사랑을 고백한다. 그의 도움 덕에 잘 살 수 있었고, 그의 삶이 참으로 의미 있었다는 말을 전했다. 물론 그가 죽은 이후에도 그의 가족과 지인들은 그를 추모하는 장례식을 또 하겠지만 말이다.

죽고 난 다음에 열리는 장례식의 주인공은 고인도 유족도 조문객도 아니다. 고인은 말이 없고, 유족은 조문객에게 인사하기 바쁘고, 조문객은 말 그대로 객이다. 그렇다고 해서 모든 장례식을 고인이 살아 있을 때 치를 수는 없지 않겠는가. 아직 시간이 있을 때 미리 내가 주인공이 되어서 남은 생을 더 잘 살기 위해 나만의 의식을 갖고, 사랑하는 이들을 위해서도 충분히 배려해 둔다면, 이후에 남겨진 이들도 생전 고인의 삶을 기리고 유족의 슬픔을 위로하며 돌보고 고인이 남긴 삶의 의미와 유산을 잘 간직할 수 있을 것이다.

유산을
기부하는 사람들

펀드레이저의 세계에도 여러 분야가 있다. 모금 전략, 모금 캠페인, 데이터베이스 분석, 디지털 모금, 자원봉사 관리, 거리 모금 활동가, 전화 모금, 고액 모금, 유산 기부 등 다양하다. 이 중에서 고액 모금과 유산 기부 담당은 모금에 대한 깊이 있는 이해와 경험, 세련되고 정교한 기술이 필요한 영역이다. 그래서 모금의 꽃이라고 불리기도 한다. 고액 모금은 일반적으로 1억 원 이상을 기준으로 하는 경우가 많다. 물론 1,000만 원의 기부도 적지 않지만 기관의 입장에서 효율적인 기부금 관리와 운영을 위한 기준을 나누다 보니 그런 기준이 생긴 것 같다.

고액을 기부하는 사람들을 만나보면 그들이 참 대단하다는 생각이 든다. 그들이 기부하는 돈의 액수 때문이 아니다. 그들 평생의 삶을 내가 다 알 수는 없지만 적어도 내가 만날 당시 그들은 대체로 선하고 너그럽고 나눔의 철학을 가진 사람들이었다. 분명 그들 중에도 돈을 버는 과정에서 피도 눈물도 없이 다소 냉혹하게 굴었던 사람도 있을 것이다. 그럼에도 불구하고 돈에 대한 태도를 바꾸어 다른 결정을 할 수 있었다는 것이 대단해 보였다. 물론 돈의 쓰임새에 대해 까다로운 요구를 하는 경우도 있어 부담이 될 때도 있지만, 그런 정도의 요구는 어쩌면 당연한 것인지도 모른다.

한편 유산 기부를 하는 사람들은 뭔가 미스터리한 느낌이 들기도 한다. 유산을 남한테 기부하는 것이 흔한 일은 아니지만 의외로 유산의 일부를 좋은 일에 쓰고 싶다는 사람이 꽤 있다. 형식은 다양한데, 대체로 기부자가 자신의 사후 어느 정도의 재산을 기부하겠다고 약정을 하는 것이다. 왜 그런 결심을 했는지 궁금하기도 하고 의아하기도 했다.

유산 기부를 하고 싶다고 문의하는 사람들이 의외로 많다. 하지만 실제로 그 뜻을 공증까지 하는 경우는 많지 않다. 유언 공증을 한 경우에도 실제 기부가 이루어지기까지는 상당한 시간이 걸린다. 사후에 이루어지는 것이므로 시기를 특정할 수 없다.

그러다 보니 유산 기부를 담당하다 보면 나의 간사한 마음을 보게 될 때가 있다. 유언 공증을 할 때만 해도 건강이 좋지 않아서 오래 살지 못할 것 같다는 말씀을 들었는데, 공증을 하고 난 이후에 자그마치 14년간을 건강하게 잘 지내신 기부자가 있었다. 처음 기부자를 만났을 때는 그 기부자를 등에 업고 다닐 것처럼 귀하게 여기며 감사한 마음으로 떠받들었는데 그 이후 1년, 2년이 지나도록 기부자가 아무 일 없이 기부자가 건강하고 평안하면, 나도 모르게 그의 남은 생을 셈하게 되는 것이다. 어느 날 그런 나 자신을 발견하고 한없이 부끄러웠다. 기부자를 돈으로 보았다는 양심의 가책이 들었다.

유산 기부를 처리하는 절차는 다른 어떤 기부보다 그 과정이 까다롭다. 변호사나 세무사, 회계사에 못지않은 지식이 필요한 전문적인 일이다. 우선 유산 기부는 민법에 근거한 상속 절차를 따라야 한다. 또 유산은 현금만이 아니라 부동산과 그 외의 다양한 자산이 포함될 수 있어서 그것들의 관리 및 처분에 대한 지식도 풍부해야 한다.

특히 일반 기부와 유산 기부가 다른 점은 기부자 이외에 다른 이해관계자들의 입장을 잘 파악하고 조정해야 한다는 것이다. 가장 밀접하게는 부모나 배우자 또는 자녀와 형제 등 법정상속인, 유류분 권리자, 기타 혈연관계가 있는 친인척, 재산의 권리를 일부 나눠 가지고 있는 사람들, 재산의 관리인들, 증인과 유언 집행인 등이다. 이들은 모두 이 기부에 관심이 지대하다. 행여나 잘못된 방식으로 절차를 진행하거나 관계가 틀어질 경우에는 불필요한 감정 소모가 커지기도 한다.

기부할 때
따져야 할 것들

중국 속담에 이런 말이 있다. "한 시간 동안 행복하려면 낮잠을 자라. 하루가 행복하려면 낚시를 하라. 한 달간 행복하려면 결혼을 하라. 1년이 행복하려면 유산을 상속 받아라. 일생 동안 행복하려면 다른 사람을 도와라." 남을 돕는 것이 무슨 유익이냐고 하는 이도 있겠지만 기부야말로 가장 이기적인 선택이고 기부자는 지독하게 계산적인 사람들이다.

타인을 위한다는 그럴듯한 명분을 제시하지만 기부를 하는 심리의 가장 중심에는 자기 행복에 대한 생각이 있다. 자녀의 성실한 삶을 위하고, 가족 간의 우애를 지키는 훌륭한 대안이 기부라고 생각하고 결정한 것이다. 게다가 기부를 하면 공익단체가 돈을 성실하게 관리하고 좋은 일에 사용한 후 보고를 한다. 자신의 이름이 남고 사회에서 자신의 가치가 높아진다. 좋은 차나 집이나 명품을 사고 나면 즐거움은 잠깐이고 돈은 사라지고 말지만, 기부는 흔적이 남는다. 게다가 유산으로 기부를 하면서는 자기 이름으로 기금도 남길 수 있어서 반영구적으로 기금이 운영될 수 있고, 가족이나 사회와 후대에까지 널리 존경받는 사람으로 기억되는 법이다.

나를 만나보지 않은 미래의 누군가가 자기도 그분처럼 살고 싶다는 말을 한다고 상상해보라. 평생 고생을 했어도 살아온 보람이 있다. 또한 자녀들을 미리 잘 가르쳐두기만 한다면 자녀들에게도 돈이 아닌 고귀한 정신적 가치와 전통을 물려줄 수 있다. 자기 부모가 철학을 담은 선택을 해서 사회에 유익하게 공헌하는 모습을 지켜본 자녀들은 자기 또한 평생 가슴에 부모의 삶을 되새기면서 닮아가려고 노력할 것이다. 부모의 이름에 부끄럽지 않기 위해 자녀들이 더 열심히 살아가는 것이 결국 우리가 바라는 바가 아니겠는가.

유산 기부는 어쩌다 하는 결정이 아니다. 가끔 숨넘어갈 듯이 유산 기부를 하고 싶다는 상담 전화를 받을 때가 있다. 당장이라도 전 재산을 기부할 것처럼 서두르다 막상 상담을 하려고 만나면 꽁무니를 빼기도 한다. 알고 보면 가족 내부에 뜻이 맞지 않아 서로 감정이 상해서 말다툼 끝에 돈을 다른 데다 줘버리겠다고 협박하면서 전화를 한 것이다. 웃고 넘어가지만 웃을 일이 아니다.

오래 유산 기부를 받으면서 기부에 대한 내 철학과 원칙이 조금씩 달라졌다. 초기에는 기부자가 하는 말이라면 팥으로 메주를 쑤라고 해도 따라야 한다고 생각했다. 대부분은 큰 문제가 없지만 간혹 기부의 대가를 무리하게 요구하는 기부자들이 있기도 하고, 사회 통념을 깨뜨리는 제안을 하거나, 감정에 치우쳐 가족과 자녀를 등한시하는 기부 결정을 하는 사람도 보았다. 결정은 본인의 몫이다. 그렇지만 이따금씩 본인들이 정확하게 판단하지 못하기도 하고 스스로 후회할 결정을 하는 모습도 보면서 생각을 바꾸게 되었다. 기부자가 원하는 대로 수발을 들어주는 것이 내 일이 아니라 기부자들이 스스로에게 가장 좋은 선택을 할 수 있도록 전문적이고 객관적인 식견으로 거들어주는 것이 내 일이라는 생각이 들었다. 그것이 전문가로서 가진 책무이고, 기부자에 대한 예의이기도 하다.

다음은 전문가로서, 기부자들을 존경하고 아끼는 한 사람으로서 유산 기부를 하는 이들에게 알려주고 싶은 것들이다.

1. 먼저 자신의 생각을 잘 정리하십시오. 순간의 감정과 격정에 휩싸여 결정하거나 판단하지 마십시오. 감정은 잠시 후면 사라지고 후회는 오래도록 남습니다. 1년 후도, 2년 후도 아닌 먼 훗날을 내다보고 결정하십시오.

2. 유산 기부를 하는 이유가 분명해야 합니다. 가치관과 신념일 수도 있고, 특정한 분야에 대한 관심일 수도 있고, 신앙 때문일 수도 있습니다. 과거 누군가에게 입은 도움에 대한 보은이거나 기적처럼 살아올 수 있었던 은혜에 대한 응답일 수도 있습니다. 가장 중요한 이유를 확인하고 나서 그 기부를 어디에 하는 것이 좋을지를 결정해야 합니다.

3. 혹시라도 기부를 하면서 자신이 원하는 것이 있다면 미리 꼼꼼히 챙겨보십시오. 기부금의 관리 방법이나 기부금의 사용처, 명예를 남기는 일, 기관에서 제공하는 여러 가지 예우 프로그램 등에는 어떤 것이 있는지도 함께 알아보면 좋습니다.

4. 유산 기부를 하기 전에 노후를 어떻게 보낼지 미리 생각하고, 일정한 생활 자금과 만일을 위한 긴급 자금을 떼어두어야 합니다. 만

약에 가지고 있는 자산이 현금이 부족하고 부동산이나 유동성이 떨어지는 자산이 많다면, 반드시 유산 기부 전문가와 상의하기를 권합니다.

5. 유산 기부는 자기 재산을 100퍼센트 내놓는 것만은 아닙니다. 10퍼센트 또는 20퍼센트를 정해서 기부할 수도 있고, 가족이나 친고가 없는 경우에는 전 재산을 기부할 수도 있습니다. 한 기관에 모두 기부할 수도 있지만 오랫동안 관여하고 헌신하던 여러 기관에 골고루 나누어 기부할 수도 있습니다.

6. 유산 기부를 실행하기 전에 가족과 먼저 상의하는 것이 좋습니다. 가장 먼저 배우자와 상의해야 하고, 출가한 자녀들이 있다면 시간을 두고 천천히 적당한 기회를 마련해서 자녀들에게도 말해두어야 합니다. 말하기가 미안해서 미리 상의하지 않고 혼자 결정하고 나면 가족 간에 오해가 쌓이고 이후에 관계가 소원해질 수 있습니다. 가족들에게 어떻게 말하는 것이 좋을지에 대해 충분히 고민해서 준비해두시고, 필요하다면 전문가와 상담해도 좋습니다.

7. 기부할 곳을 결정하기 전에 몇 군데 기관을 만나 잘 상의해보십

시오. 겉모습만 보고 알 수 없습니다. 여러 기관을 찾아 경험과 지혜가 더 풍부하고 기금을 더 의미 있게 해줄 곳이 눈에 보일 것입니다. 기왕이면 유산 기부의 전문가가 있는지, 유산 기부를 많이 처리해본 경험이 있는지를 확인하십시오. 유산은 다루기 어려운 분야라서 전문성이 있어야 합니다. 기관이 유산 기부를 받을 준비가 되었는지, 실제로 유산 기부를 받고 기금을 운영해본 경험이 있는지, 유산 기부 프로그램에 대해 구체적으로 잘 알고 있는지, 사업을 잘하는지 등에 따라 유산을 받아서 그것을 운용하는 능력이 다릅니다. 돈을 맡아본 경험이 없는 사람은 돈을 잘 관리하기 어렵습니다. 반드시 사람을 살펴보고 챙기십시오.

8. 유언을 하고 난 이후에도 유산 기부가 실현되기까지는 챙겨야 할 것들이 여러 가지 있습니다. 가급적 기부할 기관과 상의해서 기부가 잘 이루어질 수 있도록 미리 준비해두십시오.

기부는 단순히 돈을 받는 것이 아니다. 특히 유산 기부는 어쩌면 한 사람의 인생을 통째로 받는 것이다. 따라서 유산 기부 펀드레이저는 기부자들의 인생이 담긴 돈이 우리 사회에서 꼭 필요한 곳에 쓰이도록 촘촘히 설계해야 한다. 그들의 기부가 헛

되지 않도록, 기부자가 후회스러운 마음이 들지 않도록, 그들 마음에 기부로 인한 기쁨과 평안함이 깃들 수 있도록 철저히 준비하고 실행하지 않으면 안 된다.

기부와 세금

가끔 유산 기부를 받는다고 하면서 유산을 받는 것에만 몰두하는 기관들이 있는데 몹시 위험한 일이다. 유산 기부는 재산만 받고 끝나는 것이 아니다. 기부에 개입될 수 있는 법률적인 문제와 세금 등 민감한 사안을 미리 검토하고 기부자에게 문제가 생기지 않도록 조언하고 대안을 마련해야 한다. 그뿐 아니라 기부 때문에 가족과 분쟁이 일어나서는 안 된다. 가급적 가족에게도 기부자의 취지에 동의를 구하고 함께하는 기부가 되도록 해야 한다. 기부자와 온 가족이 함께 만족할 수 있는 아름다운 유산 기부가 이루어지려면 반드시 전문 지식이 필요하다. 유산 기부는 또 상속의 문제와도 연결되기 때문에 그에 대한 지식도 필요하다. 따라서 이를 다루는 펀드레이저는 상담을 위한 기술 외에도 법률과 세금과 관련한 전문 지식을 갖춰야 하고, 가장 효과적인 방식과 피해야 할 것들을 선별할 수 있어야 한다.

최근에 큰 재산을 기부한 이후에 낭패를 보고 분쟁이나 소송까지 간 사례가 종종 언론을 통해 보도되고는 한다. 큰 기부일수록 세금 문제가 복잡하기 마련이다. 실제로 고액 기부자들 중에는 절세를 목적으로 기부를 검토하는 경우도 꽤 있다. 고액 기부나 부동산 및 주식 등의 자산 기부, 해외 기부, 유산 기부는 모두 세금과 관련되어 있다. 따라서 기부를 하는 쪽이나 받는 쪽이나 자산의 운용과 처분, 세금과 관련해서 지식이 부족하면 자칫 큰 낭패를 보기도 한다. 유산 기부에 전문 펀드레이저가 필요한 이유이기도 하다.

언론에서도 큰 이슈가 되었던 황필상 박사의 기부 이야기가 있다. 법률적인 문제를 잘 모르고 기부했다가 낭패를 본 대표적인 경우이다. 그는 모교에 180억 원을 기부했다가 140억 원대의 증여세를 부과당했다.

황필상 박사는 청계천 빈민촌에서 태어나 갖은 고생 끝에 스물여섯 살에 아주대 기계공학과에 입학했고 국비 장학생으로 프랑스에 가서 공부하며 공학박사 학위를 취득했다. 이후 귀국

해 한국과학기술원(현 KAIST) 기계공학과 교수가 되었다. 그리고 1991년에 생활정보지인 『수원교차로』를 설립해 돈을 모았다. 2002년에 그는 가족들을 설득해서 모교인 아주대학교에 당시 시가 177억여 원에 달하는 『수원교차로』의 주식 90퍼센트(10만 8천주)와 현금 15억 원을 기부한 것까지 포함해서 총 215억 원의 재산을 기부했다. 학교에서는 주식을 직접 받지 않고 '황필상 아주장학재단'('구원장학재단'의 전신)을 만들어 6년간 730명이 넘는 학생에게 장학금을 전달하도록 했다.

그러나 2008년에 국세청은 재단에 140억여 원을 증여세로 부과했고, 황필상 박사는 연대납세자로 약 20억 원의 개인 재산을 강제집행 당했다. 재단은 2009년 "명백한 장학 지원 활동과 투명한 운영이 드러나 있는데도 거액의 세금을 부과한 것은 잘못"이라며 행정소송을 제기했고, 1심은 황필상 박사의 기부를 증여세를 회피하려는 의도로 볼 수 없다며 장학재단의 손을 들어주었다. 하지만 2심 재판부는 "황필상 박사의 경제력 승계 위험성이 없다고 단정할 수 없다"며 세무 당국의 손을 들어줬다.

황필상 박사의 이름을 딴 장학재단이고, 특수관계에 있기 때문에 증여세를 회피하기 위한 수단으로 본 것이다. 원래 대학의 예우 차원에서 이사장으로 있던 황필상 박사는 항소심에서 패소한 직후 이사직을 내려놨다. 결국 대법원은 2017년 4월 "경제력 세습과 무관하게 기부를 목적으로 한 주식 증여에까지 거액의 증여세를 부과하는 것은 부당하다"고 판결했다.

하지만 재판이 진행되는 동안 황필상 박사의 상황은 조금씩 악화해서, 재판 중에 한때 가산세가 불어 세금 총액이 225억 원까지 늘었고, 살고 있던 아파트도 압류당했다. 2016년에는 림프종 암 진단까지 받아 가까스로 극복했지만 이후 몸은 극도로 쇠약해졌고 폐렴 등이 겹치면서 2018년 12월 31일 황필상 박사는 마지막까지 소송이 깔끔하게 마무리되는 최종 결과를 보지 못하고 별세했다. 정말 순수하고 고귀한 기부를 했지만 사전에 법률적인 사안을 충분히 검토하지 않아서 상상할 수 없는 비극이 벌어진 것이다. 나는 이것이 개인의 비극이 아니라 유산 기부에 준비되지 않은 우리 사회의 비극이라고 여겨져 더욱 안타까웠다. 양비론으로 들릴 수도 있겠으나 이 비극의 원인은 당사자에게도 있지만 법 제도에 대한 세밀한 검토를 하지 않은 기부 기관에도, 사안의 특별함을 고려하지 않은 채 일반 법률에 의해 세금을 부과하는 행정관청에도, 초고액의 자산 기부에 대한 합리적인 세금제도를 입법하지 않은 국회에도 골고루 있다고 생각한다.

부산대학교에 기부를 한 후에 기부금 사용에 문제가 생겨 법정

소송까지 간 경암교육문화재단의 사례도 있다. 2003년 10월, 자수성가한 사업가 경암耕岩 송금조 ㈜태양 회장은 부산대에 305억 원을 쾌척하기로 하고, 다음 날 현금 500억 원과 부동산 500억 원을 출연해 '경암교육문화재단'을 설립했다. 그리고 1차적으로 약속한 305억 원 가운데 195억 원을 기부했다. 그런데 2007년 7월 재단은 갑자기 부산대를 상대로 '나머지 110억 원을 내지 않겠다'는 채무부존재확인 소송을 제기했다. 부산대가 기부 약정 당시에 한 약속을 지키지 않았고 오히려 기부자의 명예를 훼손했다는 이유에서였다.

내용을 들여다보니 송금조 회장은 부산대 양산캠퍼스 부지 매입에 사용하라고 기부를 했는데, 기부 당시 약정서상에 구체적인 사용처를 표시하지 않아서 문제가 생겼다. 대학에서 기부할 당시에는 나중에 처리하면 된다고 하고는 기부자와 상의하지 않은 채 임의로 다른 곳에 기부금을 쓴 것이다. 국립대인 부산대는 약정금 역시 국가 재산이라 마음대로 포기할 수 없다며 소송에 적극 대응했고, 4년간의 긴 법정공방 끝에 법적으로는 부산대가 이겼지만 실은 이긴 것이 아니었다. 소송은 기부자와 부산대 모두에게 큰 상처를 남겼다. 결국 대학은 약속과 달리 기부금을 잘못 사용한 것을 사과하고, 재단은 기부금 잔액을 내는 방향으로 합의해서 일단락되었지만, 지켜보는 이들의 눈살을 찌푸리게 한 사건이었다. 기부 약정서가 상징적인 것이 아니라 법적인 효력이 있는 계약서임을 일깨워준 중요한 사건이기도 하다.

김구 선생의 후손인 고故 김신 전 공군참모총장이 한 기부도 세금 때문에 문제가 되었다. 백범 김구 선생의 자손들이 하버드대 등 외국 대학에 40억 원대 기부를 했다가 10억 원대 세금을 내게 된 사건이다.

김신 전 총장은 백범김구선생기념사업회 회장으로 활동하면서 2006년부터 10여 년간 미국 하버드대, 브라운대 등에 42억 원을 기부했다. 항일 투쟁의 역사를 알리는 '김구포럼'과 한국학 강좌 개설, 장학금 지원 등 한국을 알리는 데 써달라는 뜻이었다. 그런데 김신 전 총장이 2016년 5월 별세하고 2년여가 지난 2018년 10월, 국세청은 김신 전 총장의 자녀들에게 기부금에 대한 증여세와 상속세 27억 원을 부과했다. 국세청이 김신 전 총장 사망 후 상속세 조사를 실시하다가, 김신 전 총장이 외국 대학에 기부한 사실을 확인한 것이다. 현행법상 국내의 공익 법인에 기부한 재산은 상속·증여세를 감면받을 수 있는데, 외국 대학은 국내에서 공익 법인으로 등록되어 있지 않기 때문에 증여세 감면 대상이 아니다. 또 원래 상속세는 상속 재산을 기준으로 내야 하고 증여세는 증여를 받은 당사자가 내야 하는 것이지만, 이 경우처럼 받은 이가 해외에 거주하는 사람(또는 법인)이라서 세금을 걷지 못할 때는 증여한 사람이 대신 내야 한다. 해외 거주자에게 국내 과세 당국이 세금을 받아내기가 현실적으로 쉽지 않기 때문이다. 그 결과 해외 대학의 증여자인 김신 전 총장의 자녀들에게 기부에 대한 세금이 부과된 것이다.

김구 선생 후손들은 이에 불복해 2019년 1월 조세심판원에 심판을 청구했다. 2016년 이전에는 증여세를 내야 할 사람(김신 전 총장)이 살아 있을 때, 세금을 내야 한다는 사실을 알리지 않았더라도 자손들이 세금을 내야 했다. 그러나 법이 바뀌어 2016년부터는 국세청이 증여세를 낼 사람이 살아 있을 때 이를 알렸어야만 자손에게 세금을 부과할 수 있다. 조세심판원은 당초 부과된 세금 27억 원 중 절반가량인 14억 원이 통지 절차에 문제가 있었다는 것을 인정하고 그에 대해 세금 납부 통지 처분을 취소했다. 김신 전 총장이 사망하기 전 국세청이 이 같은 사실을 알리지 않았다는 논리에서 세금 일부가 감면된 것이다. 통지 절차에 문제가 없었던 나머지 금액에 대해서는 세금을 확정했다. 최종적으로 생전에 해외 대학 등에 기부한 42억 원에 대한 증여세·상속세 등 명목으로 세금 13억 원이 확정됐다.

좋은 일을 하고도 배신을 당한 사람들의 억울함은 이루 말할 수 없다. 하지만 10년간의 억울하고 지루한 소송이 마무리될 무렵 황필상 박사는 "아주대에 주식을 내주던 그때로 다시 돌아가더라도 기부를 하겠느냐"는 한 기자의 질문에 "그렇다"고 답했다고 한다. 본인은 그렇게 한결같이 신념을 지켰다 할지라도 이 오랜 고통을 지켜본 가족의 마음도 똑같았을까.

우리나라의 세법과 기부 관련 법은 여전히 기부자에게 우호적이지 않다. 이런 여러 가지 사건들은 과세 당국으로 하여금 공익을 위한 기부금에 대한 과세 정책을 어떻게 바꾸어야 할지에 대한 숙제를 남겼고 현재 당국은 조금씩 변화를 꾀하고 있다. 우리나라의 기부 문화는 유산 기부를 활성화하기에 아직 성숙하지 못했다. 관련 법 제도의 마련뿐 아니라 사람들의 의식까지 성숙해지기 위해서는 좀더 시간이 필요한 듯하다.

'입장차'에 대한 인정

사람은 저마다 자기 입장이 있다. 자기 기준이 명확한 사람들은 타인의 입장을 좀처럼 이해하기가 어렵다. '나라면 저렇게 하지 않을 텐데'라며 상대를 평가하는 사람들은 대체로 자기 기준이 강한 편이다. 그런 사람들은 매사를 자기 방식대로 받아들이고 처리한다. 나름 성의를 다하고 최선을 다하지만 아무리 노력해도 '나라면'이라는 기준을 벗어나지 않기 때문에 자기 중심적이다.

생각의 중심에 누가 있느냐에 따라 선택이 달라진다. 직장 동료끼리 점심을 먹으러 갈 때 미리 "나는 아무거나 다 좋아"라고 하는 사람들이 있다. 무엇을 먹는다 해도 다 괜찮고 다른 사람들의 취향이나 선택에 맞출 의향이 있다는 뜻이지만, 한편으로는 메뉴 선택이라는 성가신 일에서 빠지겠다는 선언이기도 하다. 반대로 선호하는 음식이 분명한 사람들은 상대적으로 까다로운 입맛을 가진 탓에 선택권이 생길지는 몰라도 매번 자기가 메뉴를 골라야 하는 괴로움을 떠안게 된다.

영어의 관용구 중에 'put yourself in someone's shoes'라는 말이 있다. 다른 사람이 처한 상황을 이해하고 싶으면 그 사람의 신발에 자기 발을 넣어보라는 뜻이다. 입장을 바꿔서 생각해보라는 뜻의 사자성어 '역지사지易地思之'와 같은 말이다. 각자 입장의 차이는 갈등을 유발하는 주요 원인이다. 자기 주장을 강하게 내세울수록 관계는 악화된다. 갈등을 줄이고 좋은 관계를 유지하는 비결은 서로의 '입장차'를 인정하고 상대를 존중하는 것뿐이다.

그런데 역지사지도 사람 나름이다. 진솔하지 않은 사람은 그의 진짜 입장이 무엇인지 알기 어렵다. 간혹 앞에서는 비위를 맞추지만 뒤돌아서서 다른 궁리를 하는 사람들을 보곤 하는데 그런 사람은 타인과의 관계를 길게 유지하지 못한다. 그런 사람들은 문제의 본질을 직면하는 것을 두려워한다. 그 속을 들여다보면 내면이 유약한 사람들인 것이다. 자신의 약점, 부족함을 인정할 수 있는 사람, 즉 자존감이 높은 사람은 언제든지 솔직하고 당당할 수 있다.

자식은 부모보다 얄팍하다. 부모들은 자기 자식의 일거수일투족은 모르지만 그가 어떤 사람이라는 것은 다 안다. 부모의 재산을 받기 위해서 하는 노력인지, 재산을 주고 나면 아들과 며느리, 딸과 사위가 어떻게 바뀔지를 다 알지만, 부모는 알면서도 속아준다. 그런데 형제들끼리는 잘 알지 못한다. 특히 형제들이 결혼해서 새 식구들이 생기기 시작하면 함께 자랄 때 알던 그가 아니라는 것을 새삼 깨닫게 된다. 형제는 제각기 성향도 다르고 입장도 다른데, 결혼을 하고 나면 또 다른 입장이 개입되기 때문이다.

가족의 죽음 앞에서 우리는 이런 입장차로 인해 불화가 발생하는 경우를 자주 본다. 서로 민감한 시기이기 때문에 불편한 감정이 쉽게 표출되고 입장차를 잘 조율하는 것이 쉽지 않다. 미리 서로의 다른 입장을 고려해서 합당한 기준을 정해두지 않으면 갈등이 생기고 종국에는 영영 남이 되어버리기도 한다. 갈등을 최소화하는 길은 부모가 자신의 죽음 이후를 미리 정해두는 것이다. 가족 간의 도리를 아는 사람은 부모가 살아 계실 때 직접 정해둔 것이라면 불만이 있을지라도 웬만해서는 따른다.

상속은 나의 권리이자 의무다

유산 기부에 대해 문의하는 전화를 받은 적이 있다. 보통은 목소리만 들어도 대충 나이를 짐작할 수가 있는데, 목소리만 들어서는 유산 기부를 할 사람이라고 느껴지지 않을 정도로 생기발랄한 여성의 음성이었다. 그분과 약속을 정하고 나갔을 때 깜짝 놀랐다. 예상대로 아직 젊고 건강해 보이는 데다 결혼도 하지 않은 분이었다. 그런 그녀가 유산 기부를 결정한 이유는 이랬다.

"내가 어디가 아프거나 죽을 날이 가까워서 유산 기부를 하려고 하는 건 아니에요. 다만 사람은 언제 죽을지 모르는 법이니까요. 내가 운전을 하고 가다가 갑자기 사고가 날 수도 있고, 골프를 치다가 공에 맞아서 죽을 수도 있고, 사람 일은 모르는 거잖아요. 물론 나는 계속 일도 해야 하고 건강하게 오래 살아야 할 거라서 열심히 운동도 하고 병에 걸리면 치료도 하고 그럴 거예요. 그래도 만약에 나한테 무슨 일이 생기면 대비는 필요하잖아요."

토를 달 것도 없이 그녀의 의사는 명료했다. 그런데도 내 머릿속에서는 여전히 '굳이 이렇게까지 미리 유산 기부를 서둘러 해야 하는 다른 이유가 있지 않을까'라는 의문이 남았다. 그래서 다시 질문을 했고 드디어 진짜 이유를 들을 수 있었다.

그녀는 여러 형제 중에 막내딸이었다. 어릴 때 그녀는 도시락을 싸갈 형편이 안 되어서 점심시간이면 운동장에 나가 수도꼭지를 틀어 물배를 채웠다고 한다. 어려운 가정형편 탓에 일찌감치 학교를 그만두고 생계의 길로 들어서 닥치는 대로 일을 하다 보니 성격도 거칠어졌다고 했다. 그렇게 고생하면서 돈을 모았더니 어느 순간 집이 한 채 생겼고, 또 계속해서 정신없이 일했더니 집이 또 생겼단다. 그렇게 재산을 늘리는 동안 혼기를 놓쳤고, 어느 정도 나이가 들어서는 좋아하는 사람이 나타나도 그가 자신을 좋아하는 건지, 재산을 좋아하는 건지 분간이 되지 않아서 결혼을 결심할 수가 없었다. 그런 반면 형제들은 각자 결혼해서 자녀를 낳고 잘 살고 있다고 했다.

그런데 어느 날 문득 '내가 죽으면 내 재산이 누구에게 가나' 하는 생각이 들었고, 법적으로 오빠와 올케에게로 상속된다는 것을 알게 되었다. 얼마나 고생해서 번 돈인데 이렇게 자신과는 별 상관없이 오랜 세월을 지낸 형제들에게 고스란히 돈을 주어야 하는지 고민이 되었다. 그렇다고 해서 형제들과 사이가 나쁜 건 전혀 아니었다. 다만 전 재산이 고스란히 형제에게 간다는 사실만은 용납하기 어려웠다는 것이다. 이 돈을 주면 좀더 편하게 잘 살겠구나 싶으면서도 한편으로는 자기처럼 어려운 시기를 지나고 있는, 돈이 더 필요한 사람들에게 가는 게 낫지 않겠는가 하는 생각이 들었다고 했다.

대충 들으면 형제한테 뭔가 서운한 게 있어서 재산을 주기 싫은 것으로 오해할 수도 있다. 하지만 진심은 그게 아니었다. 어렵게 모은 돈이니 좀더 가치 있게 쓰고 싶다는 바람이었다. 돈을 형제에게 준다면, 이 돈이 모인 과정을 생각해서 잘 써야 한다는 당부를 하기도 어렵다. 괜히 돈 몇 푼 가지고 생색낸다고 핀잔을 듣거나 그 긴장감 때문에 형제 사이가 오히려 멀어질 수도 있으리라. 그 재산이 모이기까지 그녀가 감내한 수많은 고통과 극복의 시간들을 형제들은 소상히 알 길이 없고 제대로 이해하지 못한다. 그러니 그 재산은 의미 없이 소진될 가능성이 큰 것이다. 그러면 그녀가 그동안 해온 말할 수 없는 고생이 빛이 바래지 않겠는가. 그동안의 삶이 허무하지 않겠는가.

나는 구체적인 기부 절차와 챙겨야 할 사안들을 안내하고 그녀에게 가장 적절한 방식의 유산 기부 상품을 몇 가지 제시하고, 상품의 이런저런 장단점을 설명해주었다. 그렇게 몇 번의 미팅 끝에 그녀는 유산 기부 약정을 했다.

한번은 미국에 사는 한 기부자로부터 상속legacy을 받은 경험이 있다. 우리는 공익 기관에 상속하는 것을 굳이 별도의 명칭으로 '유산 기부'라고 부르지만 미국에서는 모두 상속이다. 받을 사람이 가족인지, 친척인지, 공익 기관인지만 다를 뿐이다. 미국에서 상속을 하신 분은 한국에 와 서울대와 고려대에서 몇 년간 교수 생활을 하신 분이다. 고국으로 돌아가신 후에도 우리나라에 대한 애정이 깊으셨던 것 같다. 미국에서 온 유언장을 보니 참 상세하게도 적혀 있었다. 내가 키우던 강아지는 옆집 누구에게 주고, 재산 중에 얼마는 서울대에, 얼마는 고려대에 주고, 가족 중 누구에게는 얼마를, 그동안 나를 도와준 누구에게는 얼마를, 그리고 소중한 물건들은 각각 누구에게 줄지를 몇 장에 걸쳐서 적어둔 것이다. 그 내용을 보니 그 사람이 무엇을 남겼고, 누구를 의미 있게 생각했는지 다 알 수 있었다.

자신의 재산을 누구에게 줄 것인가에 대해 우리는 당연히 가족에게 주어야 한다고 생각하지만 가족도 가족 나름이다. 혈연이라고 해도 남보다 먼 사람도 있고, 혈연이 아님에도 가족처럼 지내는 사람도 있다. 법에서 정해놓은 대로 아무 생각 없이 재산을 처분한다는 것은 안정적인 듯하면서도 불합리하기도 하다.

소위 유류분이라는 제도가 있다. 재산이 마땅히 가족에게 가야 할 것을 전제로 하는 법이다. 유류분이 민법에 편입된 것은 1979년이다. 우리의 경우, 독일법을 차용했다고 한다. 가족의 권리를 보장하겠다고 한 좋은 취지였지만, 이제는 세상이 달라졌고, 가족에 대한 개념과 인식도 바뀌었다. 법적으로 상속권이 보장되는 것을 알고 있으니 효도나 가족의 의무는 안중에도 없을 수 있다. 차라리 상속을 받기 위해서라도 효의 모양새를 갖도록 하는 편이 더 낫지 않을까 싶다.

유언의 최대 수혜자는 나 자신

유언은 내 남은 생을 위한 선물이고 나를 위한 계획이자 나를 위한 일단락이다. 유언을 하기에 좋은 때가 따로 있을까마는 직업으로부터의 은퇴는 유언을 하기에 아주 좋은 계기가 된다. 은퇴는 결혼이나 이혼, 배우자의 죽음 등과 같이 인생에서 크게 스트레스를 주는 사건의 하나로 꼽힌다. 평균 수명이 길어지면서 은퇴 이후 노후를 어떻게 살지에 대한 이슈가 중요한 사회문제로 부각되고 있지만 딱히 묘책이 없다. 그런데 은퇴를 앞두고 유언장을 써보면, 훨씬 현실적이면서도 단출하게 노후 설계를 할 수 있다. 평생 일과 씨름하느라 챙기지 못한 것들을 조금씩 챙겨보면서 나와 타인과 공동체 관계 속에서 새로운 나를 발견할 수도 있다.

유언을 하려면 가장 먼저 자신의 삶을 정리해보아야 한다. 가족과 부모님과 형제들, 내가 이루어온 것들, 내게 소중한 사람과 관계와 물건들, 간직해야 할 것들, 누군가에게 전해주고 싶은 것들, 버려야 할 것들을 차근차근 정리해보는 것이다. 잘한 일과 아쉬운 일을 떠올려보면서 수고롭게 열심히 살아온 나 자신에게 칭찬을 해주어도 좋다.

생각과 삶을 미리 정리해두면 마음이 홀가분해진다. 그러고 나서는 남은 생에 나를 위해 할 수 있는 것들을 정한다. 줄어든 수입에 맞춰 생활 경비에 대해서도 짜임새 있는 계획을 세우고, 나에게 맞는 새로운 취미와 일상적인 활동을 구상해본다. 필요하다면 자연과 가까운 곳에 새로운 주거를 마련하는 것도 좋은 방법이지만, 나이가 들수록 병원을 가야 할 일이 자주 생기니 만일을 위해서 좋은 병원과 너무 멀지 않은 곳을 정해야 할 것이다. 계획을 세울 때 지나치게 욕심을 부리는 건 좋지 않다는 것은 다 안다. 그러니 약간은 도전이 될 만한 일을 한 가지 정도는 하되, 가급적 슬로우 라이프slow life를 지향하면 좋겠다.

두 번째, 유언은 남은 이들을 위한 배려이다. 언제 내가 떠나도 마음이 불편하지 않도록 내 주변을 미리 정리하는 계획을 짜두면 좋다. 남을 위한 배려라고 말하지만 정리하고 버리면 몸도 마음도 가벼워진다. 내 삶에 변화가 찾아오니 사실 유언의 최대 수혜자는 나 자신이다. 내가 소중하게 간직했던 물건과 책들을 어떻게 할지, 통장과 보험과 집 등의 재산을 누구에게 언제 넘겨줄지, 내가 죽고 나면 필요 없어지는 것들을 어떻게 처분할지 등등을 정리해두는 것이다. 죽고 나면 어차피 남들에게는 아무 의미 없이 버릴 것들이 되니 너무 작은 것들에 미련을 두지 않는 것이 좋다.

특히 재산이 많다면 자녀가 어릴 때부터 미리 넘겨주는 계획을 짜는 것도 좋다. 법이 허용하는 범위에서 적절하게 증여한다면 세금을 줄이면서 처리할 수도 있다. 예를 들면, 삼성그룹 이건희 회장의 상속을 논의하면서 법정상속대로라면 홍라희 여사에게 1.5를 자녀들에게는 1씩을 주는 것이 원칙이지만 홍라희 여사에게 간 재산은 머지않아 다시 자녀들에게 상속이 될 텐데 그때 다시 상속세를 내는 것보다는 아예 지금 자녀들의 몫을 늘려두는 것이 지혜로운 방법인 것이다. 다만 자녀가 돈을 관리할 능력이 되지 않는데 세금이 아까워서 목돈을 준다면 오히려 좋지 않은 습관을 키울 수 있으니 잘 준비하고 결정해야 한다. 미리 정리해두지 않으면 남은 사람들에게 또 하나의 고통과 부담을 남기는 것이다.

세 번째, 가족과 소중한 사람들을 위해 꼭 전하고 싶은 말을 챙겨야 한다. 그들이 이 글을 읽어보는 시기는 한참 후일 수 있다. 하지만 아직 내가 건강하고 여유가 있을 때 그들에게 하고 싶은 말들을 잘 적어두면 소중한 이들은 오래도록 그 말에 위로받고 용기를 얻을 것이다.

해마다
유언장을 쓰는 사람들

유언장에는 여러 내용이 담길 수 있다. 유산을 남긴다고 하면 대부분 재산을 물려주는 것만 생각한다. 사실 유언은 유무형의 가치를 총망라해서 내가 일군 삶과 그 의미를 고스란히 다음 세대에게 전달하는 일이다. 유언장을 썼다고 해서 달라질 것은 아무것도 없다. 유언장은 죽는 날에야 비로소 효력이 생기는 것이고, 내가 살아 있는 동안에는 얼마든지 새롭게 다시 쓸 수 있다. 법적으로 효력이 있는 유언장이라면 어떤 형태라도 괜찮고, 백 번을 고쳐 써도 괜찮다. 가장 나중에 쓰인 것이 효력을 발생한다.

어떤 사람들은 유언장을 매년 정기적으로 쓰기도 한다. 매년 상황이 변하니 그때그때 사정에 맞춰 달라지는 내용을 반영하는 것이다. 돈에 여유가 좀 있는 사람들은 법률과 세무 전문가들을 꾸려서 자신의 재산에 대한 유언장 정리를 연례 행사처럼 한다. 그런데 유언장을 써야 하는 진짜 이유는 따로 있다. 유언장을 쓰면 그 시간 동안 우리는 잠시 죽음 가까이에 서서 자신을 바라보는 체험을 하게 된다. 잠깐이나마 내 삶과 죽음을 객관적으로 직면하고, 죽음을 진지하게 맞이할 자세를 갖추어보는 것이다.

나는 매년 비영리단체의 고액 모금 담당 펀드레이저들을 대상으로 유산 기부 관련 교육을 진행하는데, 자신의 유언장을 쓰는 실습을 꼭 한다. '내가 당장 죽는다면' 유언장에 어떤 내용을 남겨야 할지에 대해 생각해보고 적게 한다. 단지 실습인데도 교육생들은 사뭇 진지하게 자신의 유언장을 적어보면서 깊은 생각에 빠진다.

유언장 작성이 끝나면 모두 둘러앉아서 각자 떠오른 생각에 대해 자유롭게 이야기를 나눈다. 이때 대부분은 "내가 정말 아무 생각 없이 살았다는 것을 깨달았다"라고 자기 고백을 한다. "무엇을 적어야 할지 잘 모르겠고 이대로 살다가 죽으면 정말 부끄럽겠다"는 고백도 있다. 내가 남길 재산이 무엇인지를 적어보면서 남길 것이 많지 않음을 깨닫고 앞으로 더 열심히 살아야겠다고 이야기하기도 한다. 게으르게 살았던 것, 사랑하는 사람들에게 더 충실하지 못했던 것, 스스로에 대해 진지하지 못했던 것 등을 떠올리고 다르게 살아볼 것을 다짐하는 사람도 있다.

우리는 죽음 앞에서 비로소 진짜 소중한 것들을 알게 되며, 삶의 거품을 걷어내고 가식 없이 있는 그대로의 자기 존재를 받아들일 수 있다. 죽음은 우리를 진실하고 담백하게 하며 겸손하게 해준다. 이렇게 유언장을 쓰고 나면, 더 이상 삶에 가식이 필요 없어진다. 나 자신에게 더욱 충실해지고 소중한 사람들을 살피게 된다.

은퇴자가 챙겨야 할 8가지

은퇴를 준비하는 사람에게 권하고 싶은 몇 가지 제안이 있다.

먼저 내가 누구인지 정체성을 확인하고, 앞으로 어떤 정체성을 가지고 살지에 대해 생각해보는 것이다. 누군가의 아들과 딸로 태어나 배우자와 부모가 되었고, 사회와 공동체 안에서 어떤 지위와 자격으로 살아왔는지를 가진 역할에 따라 적어보는 것이다. 내가 누구로 살아왔는지를 적어봄으로써 내가 무엇에 시간을 많이 할애했으며, 무엇을 위해 살았는지를 확인해보고, 삶의 흔적과 뿌리에 대해 자녀들에게도 전해줄 수 있다.

둘째, 노후의 삶을 잘 준비해야 한다. 비록 나이가 들어서 은퇴를 하지만 아직 살아가야 할 날이 더 많다. 스스로 노후의 삶을 건강하게 영위하는 것이 다른 가족에게도 힘이 된다. 가급적 건강하고 풍성하게 살아야 하니 무리하지 않게 일상의 계획을 세워보면 좋다.

건강한 영적 생활과 검소한 소비와 취미 생활, 평소에 하지 못했던 봉사나 공동체 활동 등을 챙겨봄으로써 새로운 나의 역할을 만들어보자. 특히 봉사와 공동체 활동은 자칫 잃어버릴 수 있는 나의 역할과 위치를 새롭게 함으로써 자아가 무너지지 않도록 해줄 것이다. 건강이 안 좋아질 때를 대비해 보험이나 연금 활용에 대해서도 미리 챙겨두고, 큰병이 들었을 때 중환자실 이용이나 연명치료에 대한 결정들을 미리 해두면 좋다.

위급한 상황이 닥쳐 산소호흡기를 끼고 중환자실에 들어가게 된다면 치료를 할 것인가 거부할 것인가. 이 일은 자녀 등 보호자가 결정하기에는 너무 가혹한 문제다. 아무리 소생 가능성이 없다 해도 자녀 된 도리로서 연명치료를 하지 않겠다고 결정 내리기는 쉽지 않다. 자신의 의사를 미리 결정해두면 가족이 훨씬 덜 힘들 수 있다.

셋째, 재산 배분의 원칙을 정하고 불필요한 것들은 버리는 것이다. 미리 원칙을 정해두어야 가족 간에 싸움이 나지 않는다.

상속 과정에서 싸움이 나는 원인은 서로가 품은 기대가 다르기 때문이다. 상속자가 분명한 원칙을 가지고 각자의 몫을 미리 결정해두지 않으면 남은 가족, 특히 형제끼리 합의를 해야 하는데 생각보다 합의가 잘되지 않는다. 유산을 두고 형제끼리 다툼을 벌인 경우에는 이후 관계가 다시 회복되기 어렵다. 남은 자들을 위한다면 불화의 씨앗을 남겨두지 말자.

넷째, 혹시 죽음 이후에 무엇이 기다리고 있을지 두렵다면 미리 천국의 소망을 준비해두는 것이 현명할 것이다. 내게는 천국의 소망이 있다. 내가 언제 죽어도 천국에 갈 것을 믿기 때문에, 죽음이 두렵지 않다. 오늘 하루가 그 마지막 순간일 수 있음을 기억하면서 모든 일에 최선을 다하고자 한다. 지금 만나는 사람들과 지금 하는 일과 지금 봉사하는 것이 마지막이라고 생각하게 되면 공을 더 들이게 된다. 종교 선택의 문제는 지극히 개인적인 문제이니 여기서 더 언급하지는 않겠다.

다섯째, 자녀에게 효도할 기회를 주어야 한다. 함께 여행을 가거나 식사를 자주 하는 것도 필요하다. 시간을 함께 보내면서 즐거웠던 장면들을 사진으로 넉넉히 담아두자. 자녀에게 소소한 것들을 부탁해보는 것도 좋다. 내가 할 수 있는 일이라도 자녀에게 맡기면 좋다. 당장은 자녀를 힘들게 하는 것 같지만, 지나고 나면 그 일로 인해 자녀는 마음의 위로를 얻는다. 그렇게라도 부모를 섬길 수 있어서 행복했다고 느낄 것이다. 그러니 자녀에게 적절한 역할을 제공하도록 하자.

여섯째, 장례와 장지에 대해 미리 준비해두라. 미리 준비하지 않아도 닥치면 어떻게든 되겠지만, 갑자기 장례를 치러야 하는 가족은 이래저래 챙길 것이 너무 많다. 슬퍼하고 마음을 정리해야 할 시간에 여러 절차와 형식 때문에 엉뚱한 곳에 마음을 쏟게 된다. 장례의 방식이나 부음을 전하는 준비, 꼭 인사해야 할 곳들, 너무 멀지 않은 곳의 장지 등을 사전에 살펴보고 가족이 미리 알 수 있도록 챙겨두자.

일곱째, 자기 삶의 굵직한 여정을 기록해보는 것이다. 학창 시절, 직장 생활 등을 어떤 기준을 정해서 구간을 나누고 각각의 시기에 내게 어떤 중요한 일들이 있었는지 적고 기억에 남은 일화들을 적어본다. 이렇게 적어두면 훗날 후손들은 과거에 선대가 어떤 시절을 겪었는지 잠시라도 떠올리며 감사하는 시간을 가질 것이다.

여덟째, 자녀에게 당부하고 싶은 이야기를 적어두라. 이것이야말로 우리가 생각하는 유언에 가까울 것 같다. 평소에 말하면 잔소리가 되겠지만 임종 시에 전하면 유언이 된다. 같은 말이라도 전해지는 무게가 다르다. 우리가 맞이할 실제 임종의 순간은 할 말을 다 하고 죽는 드라마 속 장면처럼 낭만적이지 않으므로 미리 편지처럼 글로 적어두었다가 자녀들이 그날에 볼 수 있도록 하자. 자녀들을 위한 마지막 선물이 될 것이다.

'잘 살았다'고 말하기 위해서는 '잘 죽는' 준비가 필요하다. 이 땅에서 허락된 수십 년간의 삶을 반추하며 참으로 감사하고 소중했으며 내가 남길 것은 무엇이라고 차분히 기록해둔다면, 참 잘 산 인생이 아닐까.

나만의 엔딩노트를 써보라

2011년에 일본에서는 '엔딩노트' 열풍이 불었다. 일본판 버킷리스트인데 스나다 마미라는 젊은 여성 감독이 아버지 스나다 도모야키 씨가 위암 판정을 받은 후에 만든 다큐멘터리 영화 〈엔딩노트〉 덕이다. 영화 〈엔딩노트〉는 "저의 장례식에 와주신 여러분 감사합니다"라는 대사로 시작한다.

스나다 도모야키 씨는 성실하게 열심히 살아온 전형적인 샐러리맨 아저씨다. 40년간의 전투 같은 직장 생활을 뒤로하고 예순일곱 살에 은퇴했는데, 얼마 되지 않아 예순아홉 살에 위암 4기 진단을 받고 시한부 삶을 살게 된다. 남은 시간은 불과 6개월. 주어진 시간 동안 스나다 씨는 자신이 꼭 하고 싶고 남기고 싶은 것들을 정리해서 '엔딩노트'로 적고 실행한다. 스나다 씨의 늦둥이 딸은 아버지가 6개월 동안 자신이 해야 할 일들을 하나씩 차근차근 정하고 실행하면서 스스로 어떻게 삶을 마무리해가는지 아버지의 마지막 시간을 영상에 담아 기록으로 남긴다.

스나다 씨의 엔딩노트에는 다음 열 가지 내용이 적혔다.

1. 평생 믿지 않았던 신을 한번 믿어보기
2. 손녀들 머슴 노릇 해주기
3. 평생 찍어주지 않았던 야당에 투표하기
4. 장례식 초청자 명단 꼼꼼하게 작성하기
5. 소홀했던 가족과 행복하게 여행하기
6. 빈틈이 없도록 장례식장 사전답사하기
7. 손녀들과 한 번 더 힘껏 놀기
8. 나를 닮아 꼼꼼한 아들에게 인수인계, 어머니에게 전화, 친구와 대화하기
9. 세례 받기
10. 아내에게 (처음으로) 사랑한다고 말하기

정신없이 바쁘게 살아온 한 남성이 자신의 삶을 마무리하는

일에 세심하게 정성을 다하는 모습이 몹시 낯설게 느껴진다. 죽음을 준비하는 과정 속에는 자신에 대한 돌봄보다 남겨진 이들을 위한 배려가 진하게 묻어난다. 동시에 죽음을 앞두고 그때그때 꼭 해야만 할 일들을 피하지 않고 받아들이는 모습이 경건하다는 느낌까지 든다. 담담하면서도 깊이 있는 대화와 고백이 이어지는 중에 자신의 삶에 녹아 있는 작은 것들을 소중하게 지켜가는 한 인간의 모습에 경외감마저 든다.

이제 나만의 엔딩노트를 한번 적어보자. 엔딩노트에는 따로 형식이 있지 않다. 스나다 씨가 버킷리스트를 적었듯 실행할 것들을 나열하는 식도 좋고, 내 인생의 기록을 적어보면서 언젠가 누군가에게 내 삶을 전할 수 있는 방식을 선택해도 좋다. 각자 편한 방식이면 된다. 너무 급하게 서두를 필요도 없다. 시간이 날 때마다 짬짬이 적어보자.

엔딩노트는 내가 해야 할 것들을 적어둔 기록이지만 나중에 가족에게도 매우 유용한 자료가 될 수 있다. 나와 가족과 가문에 대해서, 집안의 뿌리와 전통 그리고 가문의 유산에 대해서, 학창 생활과 결혼 생활, 직장 생활에 대해서, 반려동물과 소중하게 가꾸어온 것들에 대해서, 앞으로 다가올 죽음을 맞이하는 방식에 대해서, 죽음 이후에 가족이 나에게 해주기를 바라는 장례와 기타 모든 것에 대해서 하나씩 적다 보면 나의 일대기가 될 것이다. 불필요한 것들은 다 걷어내고 정말 소중한 것만으로 적어보자.

엔딩노트 작성 예시

1. 나의 기본 정보

이름, 생년월일, 성별, 혈액형, 전화번호, 이메일, 태어난 곳, 본적, 과거 주소, 현주소, 앓고 있는 병(병원), 복용하는 약, 과거 앓았던 병(병원), 체질, 가계도 등

2. 가족에 대한 기록

1) 배우자에 대한 기록

이름, 생년월일, 성별, 혈액형, 전화번호, 이메일, 태어난 곳, 본적, 과거 주소, 현주소, 앓고 있는 병(병원), 복용하는 약, 과거 앓았던 병(병원), 체질 등

2) 부모님에 대한 기록

성함, 생년월일, 고향, 출생지, 결혼기념일, 사셨던 곳, 직업, 생활 모습, 유전적 사항, 앓으셨던 병명, 생일, 기일 등

3) 자녀, 사위, 며느리, 손주에 대한 기록

이름, 생년월일, 연락처, 본적, 출생지, 이름의 의미, 자녀, 아이가 좋아했던 만화, 방송, 책, 노래 등

3. 연애와 결혼

결혼기념일, 신혼여행, 프러포즈, 데이트(코스, 장소, 추억, 추억의 물건)

4. 나에 대하여

이름 뜻(한자, 영어), 별명

좋아한 것들: 놀이, 노래, 활동, 장소, 친구 등

취향: 동경한 사람, 직업, 좋아한 책, 취미, 특기

학창 시절: 동아리 활동, 대학/대학원의 전공

직장과 사회생활: 경력, 활동 이력, 사회봉사, 여행 기록, 은퇴, 은퇴 후 활동(창업, 모임, 취미, 봉사)

내가 쓴 글, 시, 편지 모음

5. 반려동물

이름, 종별, 생년월일, 성별, 혈통 문서, 피임, 거세수술, 예방접종, 먹이, 담당 병원(수의사, 연락처, 반려동물보험), 사육 시 주의사항(먹이

급여 횟수, 종류, 특이한 버릇), 긴급 상황 대처법, 사망 시 희망하는 장례 방법, 관련 업체 연락처 등

6. 휴대폰, 각종 회원 서비스, SNS 정보 관리 등

통신 계약 내용, 회사, 번호, 구매처, 각종 구독 및 회원 가입된 서비스 사항들, 후원하는 곳들

7. 장례 관련

장례식에 대한 희망사항(초대할 사람, 비용, 상조, 규모, 영정사진, 수의, 입관, 종교, 빈소 예절, 조의금 등), 장지에 대한 준비, 묘비 문구

8. 의료와 간병에 대한 준비

시한부, 병명에 대한 알 권리, 종말 의료(호스피스 서비스) 신청 여부(통증 완화), 연명치료 의사(존엄사), 장기와 인체조직 기증, 관련 문서

9. 유언과 상속

자녀에게 남기고 싶은 말, 유언장 문구, 재산 목록과 배분(부동산, 금융, 주식), 신용카드 목록, 연금 및 보험 가입 내역 및 계약서

10. 향후 해보고 싶은 것들의 목록

어릴 적 꿈에 도전하기, 여행, 독서, 봉사, 가족과 시간 보내기 등

11. (임의) **후견인 선택**

내가 판단력이 흐려질 경우 내 의사를 대신해 결정권을 가질, 믿을 수 있는 사람을 지정하기

12. 유품 분배 및 정리

버릴 것들 목록, 분배할 물건 목록

13. 기타 비상연락처

관계, 이름 주소, 전화번호, 이메일, 입원 시/장례 시 연락 방식

유산을 받는 자의 자세

하루는 평소에 가깝게 지내던 교수님의 사모님으로부터 전화가 왔다. 친척 A씨가 상속에 관한 상담이 필요하다는 것이다. 사연이 길었다. A씨에게는 어려울 때부터 함께 자란 이종사촌 B가 있었다. B는 사정이 있어 큰집에 입적되었는데, 자라는 과정에서 심한 학대를 당했다고 한다. 이를 알게 된 이모가 B를 집으로 데려와 자녀처럼 길렀는데, 그 이모가 A씨의 엄마였다. B는 감사하게도 너무 잘 자랐고 좋은 대학을 나와 한 지방 대도시 대학의 교수가 되었다.

B는 나이가 들어서도 결혼을 하지 않았고 혼자 살다가 오십대 초반에 암에 걸려 갑자기 세상을 떠났다. A씨는 형제와도 같

은 B의 죽음 앞에 슬퍼할 겨를도 없이 상속 문제에 맞닥뜨렸다. B의 삶을 알고 있는 사람도, 마지막 병간호를 하고 임종을 지킨 사람도 A씨였지만 A씨는 법적으로 아무 권한이 없었다. 다행히 B는 유언장을 작성하여 A씨에게 재산의 일부를 남겼다. B는 어릴 때 큰집을 떠나온 이후로 전혀 왕래하지 않았지만 호적상으로는 여전히 그 집 사람이었다. 그간 큰아버지는 돌아가셨고, 큰어머니는 행방을 알 수가 없었으며, 다만 몸이 좀 불편한 형제 하나가 있었다. 실제로는 얼굴 한번 본 적 없는 남과 같았지만 호적상으로 그는 B의 유일한 가족이었다.

나는 B의 상속 재산 중 유류분에 해당되는 것을 해결하도록 도와주었고, A씨는 재산 일부를 B의 모교 대학에 기부하기로 했다. 그런데 이 소식을 들은, B가 재직하던 학교의 누군가가 A씨에게 연락을 했다. B의 재산은 봉직하던 대학으로부터 형성된 것인데 왜 다른 대학에 기부를 하느냐고 물었던 것 같다. 한마디로 자기 대학에도 기부해달라는 내용이었다. 나는 그 요구를 매우 무례하다고 생각했기에 호응하는 것이 못마땅했지만 A씨는 몹시 너그럽게 그 대학에도 상속 재산의 일부를 기부했다. 고인의 삶을 생각하면 그렇게 하는 것이 좋겠다는 마음이 들었다고 했다. A씨는 진심으로 B를 아꼈고 B도 그 사실을 알고 있었던 듯하다. B로부터 무언가를 받으려고 한 것이 아니라 항상 곁에서 진심을 다한 덕에 A씨는 B의 유산을 받을 수 있었다. 그리고 그는 자신에게 남겨진 그 유산의 의미도 제대로 파악하고 그것을 B를 위해 가치 있게 사용했다.

사랑하는 이를 저세상으로 보내기에 적절한 때는 없다. 신의 섭리에 따라서는 가장 적절한 때가 분명히 있겠지만, 사랑하는 이를 잃는 사람의 마음에서는 그때가 언제든 늘 아쉽고 너무 빠르다. 그런데 그 깨달음이란 것이 항상 보내고 나서야 찾아온다. 많은 사람이 "부모님을 떠나보내고서야 내가 못한 것이 참 많고 몰랐던 것이 많았음을 깨달았다"고 이구동성으로 말한다. 나이와도 상관없다. 그저 그들이 부모님을 보낼 마음의 준비가 안 되어 있었던 것이다.

부모가 되지 않으면 부모의 마음을 알 수가 없다고 한다. 말이 좋아 내리사랑이지 그 사랑과 책임감이 자식에게서 부모에게로 거꾸로 올라가지는 않는다는 말이다. 부모는 아낌없이 주는 나무처럼 자녀를 위해 그늘이 되고, 열매가 되고, 기둥이 되고, 나중에는 그루터기까지 내어주는데 자녀는 모든 것을 당연히 여기고 받은 것에 대해 감사할 줄도 모르는 경우가 많다. 사실 보내는 이가 떠나는 이를 위해 해줄 것이 무엇이 있겠는가. 아쉬워하고 슬퍼하고 그리워하고 기억하며 감사하는 것 외에는 없다.

부모의 유언장을 받아 들 때 자녀들은 어떤 마음으로 받아야 할까. 부모의 죽음 앞에서 마음을 쓰는 것이 오직 돈과 재산에 관한 것이 아니어야 한다. 부모가 자녀에게 남기는 것이 어찌 돈뿐이겠는가. 돈 한 푼 남기지 않았다 하더라도 이미 부모는 생명을 주었고, 울타리가 되어주었고, 존재 자체를 주었다. 그런데 돈이 최고라는 풍토가 되다 보니 돈 없는 부모는 부모가 아니라 죄인이요, 돈이 없으면 자식이 부모를 거들떠보지도 않는 세상이 되었다. 정말 가난한 세상이라서 그런 것이 아니다. 옛날에 비해 우리는 훨씬 잘살고 있고 많은 것을 누림에도 불구하고 남과 비교하면서 상대적인 빈곤감이 자꾸만 커지는 것이다. 그러다 보니 당장 살림에 보탬이 되는 재산은 서로 받으려고 눈을 치켜뜨지만, 고인의 뜻을 잇는다거나 기념하는 등의 보이지 않는 가치에 대해서는 서로 미루고 모른 척한다.

부모의 일부가 우리가 되었고, 부모의 삶이 우리 삶의 밑천이 되었다. 부모 덕에 우리가 살아갈 수 있고, 언젠가 우리는 우리의 일부를 남겨 다음 세대가 살아가게 한다. 유산이란 없어질 것이 아니라 이처럼 살아서 남겨지는 것이 되어야 한다. 돈은 관리할 줄 모르면 금방 없어지지만, 부모가 자녀에게 남겨놓은 삶의 흔적은 오래도록 사라지지 않는다. 그러나 받는 사람이 그것이 귀한 유산인 줄 모르면 어찌 잘 쓰이겠는가.

우리가 부모에게 받아야 하는 가장 소중한 유산은 돈이 아니라 우리 자신을 존재하게 한 부모의 뜻과 의미여야 한다. 부모가 물질적으로 무엇을 가졌느냐에 따라서 부모에게 감사할 것이 있고 없고가 결정되는 것이 아니라 부모님 자체로서 우리 마음에 소중하게 남겨야 한다. 우리는 살아가기에 바빠서 부모가 어떤 분들인지도 알지 못하면서 눈에 보이는 모습이 전부라고 생각한다. 보이지 않는 곳에서 우리 부모님은 우리의 학비를 벌기 위해 몸을 혹사시키며 노동을 했고, 굳이 하지 않아도 될 일들을 했으며, 어쩌면 자존심을 버리는 일도 마다하지 않았겠지만 이런 일들은 우리가 알지 못하고 부모도 우리가 알기를 바라지 않는다. 다만 소소한 사건들 하나하나까지야 모를 수 있다 해도 그 깊은 사랑을 몰라서는 안 된다.

미래에 투자하는 사람들

부자와 기부자는 한 끗 차이인 줄 알았다. 그런데 부자와 기부자는 서로 아무 상관이 없다. 기부를 하고 못 하고는 마음의 차이이지 돈의 차이가 아니기 때문이다. 펀드레이저들은 "기부자는 아예 DNA가 다르다"고 표현한다. 돈이 아무리 많아도 기부 DNA가 없는 사람은 기부를 못한다.

기부 DNA가 뭘까? 어떻게 해야 돈을 더 잘 쓰는 것인지를 고민하는 사람은 순간의 쾌락이나 일시적인 만족을 주는 소비보다는 오래도록 남는 것에 돈을 더 쓰고 싶어 한다. 기부 DNA는 환경의 영향을 많이 받는다. 조상 대대로 또는 부모 세대에서 베풀고 나눈 사람들의 후손은 역시 나눔에 인색하지 않다. 재산을 자기만의 것이라고 움켜쥐지 않고 사회를 위해서, 타인을 위해서 쓸 줄 아는 배포가 있다. 나눔을 잘하는 사람들 곁에 있는 사람들은 나눔에 전염되기도 한다. 나눔은 중독성이 있다. 주면 줄수록 더 주게 되고, 퍼준다고 해서 내가 더 궁핍해지는 것도 아니다. 오히려 돌고 돌아서 나누는 사람에게는 돌아오는 것도 많아진다.

부자이면서 기부자가 되는 사람도 있지만 그냥 부자로만 머무는 사람도 있다. 어쩌다 보니 돈이 많아졌는데 돈을 쓰는 방법을 고민해보지 않은 사람과 돈을 잘 쓰는 것까지 고민한 사람의 차이다. 돈이 많다는 것 그 자체는 잠깐의 부러움은 살지언정 존경을 받을 수는 없다. 하지만 돈을 제대로 잘 쓰는 사람에게는 저절로 고개를 숙이게 된다. '그냥 부자'에는 의심스러운 눈초리로 바라보지만 '기부자인 부자'에게는 존경을 표하게 된다.

사람들이 기부를 하지 않는 이유는 여러 가지다. 자기 돈을 왜 남에게 주어야 하는지 모르겠다는 사람도 있고, 이 돈을 주어도 저 사람의 삶은 결코 나아지지 않을 것이라서 주는 의미가 없다는 사람도 있다. 자신을 위해 쓰기에도 부족해서 남한테 줄 것이 없다는 사람도 있고, 아예 그럴 마음이 들지 않는다는 사람도 있다. 어떤 유형이든 그들의 내면에는 타인이 들어올 자리가 없고 자신에 대한 생각과 고민으로 가득 차 있다. 여유가 없으니 늘 불안정하고 불안하다. 시간이 지난다고 해서 마음이 저절로 넉넉해지지 않는다.

기부를 하는 사람들은 마음이 여유롭다. 자기 형편이 남보다 낫다고 생각하고 자신이 조금 덜 쓰더라도 남에게 먼저 내주는 넉넉함이 있다. 자신이 쓸 것이 조금 모자라도 괜찮다고 생각하는 사람들이다. 기부자는 자기 안에 갇혀 있지 않고 세상에 영향을 주는 사람이며, 가치의 상대성을 아는 지혜로운 사람이다. 자신에게 돈 5,000원은 커피 한 잔 값이지만 부모를 잃고 살아가는 아이에게 5,000원은 삶을 지탱하는 힘이 된다는 것을 안다. 기부자는 감사할 줄 아는 사람이다. 누군가에게 자신이 줄 수 있는 형편이라는 것에 감사해한다. 내어주는 것을 마이너스로 계산하는 것이 아니라 곱하기로 셈하는 사람이다.

이렇게 후한 마음을 가진 기부자라 할지라도 누군가 그들의 이런 마음을 잘 보살피고 격려하고 위로하지 않으면 그들의 마음도 시들게 된다. 기부자를 대접하고 예우하는 것을 두고 누군가는 기부자의 비위를 맞추기 위해 요란을 떤다고 핀잔을 주기도 하지만, 나는 사람들이 기부자의 마음을 제대로 알도록 적극적으로 알릴 필요가 있다고 생각한다.

여측이심如厠二心이라는 말이 있다. 화장실에 들어갈 때 마음과 나올 때 마음이 다르다는 말이다. 기부금을 받을 때 보여준 태도와 받고 나서 돈을 쓸 때 마음이 다르다.

대학에서 일할 때, 장학금 기부자들과 장학생들이 만나는 행사를 진행한 적이 있다. 물론 준비하고 챙길 것이 많기 때문에 동료들 중에는 불평을 하기도 했다. 그냥 통장으로 장학금만 입금해주면 끝날 일인데 공연히 생색내면서 일을 크게 벌린다는 볼멘소리였다. 학생들 중에는 "내가 공부를 열심히 해서 학교에서 배정한 장학금을 받는 건데 왜 그런 행사에까지 참석해야 하죠?"라고 따지는 이도 있었다. 자신이 누군가로부터 혜택을 받는 것이 자기 능력 때문이라고 생각하는 사람이 의외로 많다. 누군가가 그 기금을 희사하지 않고, 또 누군가가 그림자처럼 조용히 그 기금을 받으러 다니려 노력하지 않으면 자기 몫은 없다는 것을 전혀 모르는 것 같았다.

기부자들이 장학금을 주는 것은 그들이 그렇게 이기적인 사람으로 살아가라고 준 것이 아니다. 기부자들은 한결같이 이렇게 이야기한다. "나는 겨우 이만큼 보태지만 그 사람들이 나중에 사회에서 잘되면 그들이 더 좋은 사회를 위해 살겠지요."

기부자들은 미래에 투자하는 사람들이다. 우리가 인생에서 누리는 것 중에 자기 능력만으로 이루어지는 것은 하나도 없다. 반드시 누군가가 베푼 선처와 호의와 은혜가 그 안에 녹아 있다. 기부자들은 모두 이 사실을 아는 사람들이었다. 그래서 자신들이 받은 것에 대해 감사하고 그 보답을 사회에 한 것이다. 그렇게 해서 그들은 자기가 물려받은 기부 DNA를 후대가 물려받기를 바라는 것이다.

주는 사람,
받는 사람,
누리는 사람

"죄만 짓고 살았지요. 예전에는 이런 걸 모르고 살았습니다. 좀더 건강할 때 알았으면 몸으로 하는 봉사도 많이 했을 거예요. 내가 장애인이 되고 나서 깨달은 것이지요. 요즘은 주위 장애인들에게도 세상을 공짜로 살지 말라고 말합니다. 조금이라도 기부하라고 해요. 기부는 남을 위한 게 아니라 나 자신을 위한 거예요. 이런 일로 내가 복 받았지요." _ 정미영, 『내 인생의 징검다리, 기부』 중에서

아름다운재단에 기부를 하고 있는 한윤학 씨의 이야기이다. 그는 편마비 장애가 있다. 열 평 남짓한 영구 임대아파트에 살고 있는 그는 20년 넘게 후원을 이어오고 있다.

여유롭지 않은 생활에 기부를 하는 것이 쉽지 않겠다는 짐작은 틀린 것이다. 기부자들은 훨씬 더 긍정적이고 탄력적인 사고를 하는 사람들이다. 원래부터 그랬던 것은 아니다. 기부는 사람을 바꾸는 힘이 있다.

한윤학 씨는 30년 전에 고속버스를 운전했다. 원래 고혈압과 당뇨가 있기는 했지만 무심히 살았던 것이 원인이 돼서, 어느 날 뇌출혈로 몸이 만신창이가 되었고, 고인이 되신 어머님의 보살핌이 아니었다면 지금만큼도 회복하지 못했을 것이라고 했다. 회복된 모습을 어머니에게 보여드리지 못한 것이 그는 마음이 아프다. 그는 건강한 것에 대해 감사하며 새벽 3시 반에 일어나 새벽기도를 간다. 그 후에는 교회 마당에서 땀을 내며 운동을 한다.

받는 것만 생각할 때는 못 느끼던 기쁨을 기부를 하고 나니까 알겠더라고 그는 고백한다. 도움을 받는 것보다 도움을 주는 것이 얼마나 기쁜 일인지 알게 되었고, 감사할 일이 자꾸 많아진다고도 했다. 기부로부터 돌아오는 에너지 덕택에 건강도 더 좋아지고, 또 모금을 담당하는 재단의 간사들로부터도 힘을 얻는다고 말한다.

또 '우물 할머니'라는 별명의 노국자 씨가 있다. 2006년에 우연히 TV를 보다가 아프리카의 어느 지역에서 사람들이 웅막에서 지내며 물을 얻으러 먼 거리를 오가는 장면을 보고는 바로 전화를 걸어 후원을 시작했다고 한다. 초등학교 교사로 재직했기 때문에 아이들이 무거운 물통을 들고 몇 킬로미터씩 걸어 다니는 것이 특히 더 마음 아프게 다가왔던 것이다. 그녀는 자신이 기부하는 데서 그치지 않고 주위 사람들에게도 아프리카에 우물을 파는 일에 동참해주기를 적극 요청했다. 그런데 의외로 사람들의 반응이 아주 좋았다. 일흔이 다 된 노인이 열정적으로 말하는 것에 다들 놀라고 감동을 받은 것이다.

어느 날 화장실에서 아는 사람을 만나 아프리카 이야기를 하고 있었는데 그 이야기를 옆에서 듣고 있던 청소부 아주머니가 염소 두 마리 값을 기부하기도 했다. 당시 청소부 월급이 66만 원이던 시절이라 처음에는 거절했다. 그런데 그 아주머니는 다시 돈을 쥐여주면서, 자신은 그런 일을 어떻게 해야 하는지 몰라서 못했는데 꼭 하고 싶다고 한사코 맡겼다고 한다.

노국자 씨는 자신의 기부로 아프리카의 모습이 변화하는 것을 보면서 보람을 느꼈다. 그리고 눈으로 목도한 변화를 보고서는 더더욱 기부를 멈출 수가 없었다. 기부는 전염성이 강하다. 노국자 씨의 열정은 주변 사람들까지도 자연스럽게 기부에 동참하게 만들었다. 그녀 자신의 가치관만 변한 것이 아니라 주변 사람들의 가치관도 바꾼 것이다. 그저 불쌍하다는 마음에서 기부를 시작했지만 시간이 흐를수록 그 일은 이제 사명이 되었다. 자연히 생활 씀씀이도 달라졌다. 돕고 싶은 사람이 늘어나니 조금 덜 쓰게 되었고, '먹은 셈 치고' '산 셈 치고' 하면서 기부를 선택했다.

노국자 씨는 "기부는 내 것이 있어야 할 수 있는 것"이라고 이야기한다. '내 것이 있어야 한다는 것'은 부자여야 한다는 말이 아니다. 자기 것을 아껴서, 또 좀더 나은 가치에 투자하기 위해 열심히 일해서 기반을 갖춰야 한다는 것이다. 그러면 부자가 아니어도 부자인 양 베풀면서 살 수 있다. 다른 사람들은 나이 들어 여기저기가 아파서 병원비를 걱정하지만, 자신은 이 사람 저 사람 도와주느라 열심히 살다 보니 아플 일도 없어서 오히려 병원비 걱정이 없다고 한다. 그러니 결국 기부는 타인을 위한 게 아니라 자기 자신을 위한 일이 되었다고 힘주어 말한다.

기부자는 대부분 밝은 에너지를 내뿜는다. 기부는 "사람이 사람을 위해 사람에게 주는 것"이라는 유명한 말이 있다. 세 부류의 사람이 등장한다. 주는 사람, 받는 사람, 혜택을 누리는 사람이다. 잘 몰랐을 때는 기부자가 주는 사람이고 수혜자는 돈을 받고 혜택을 누린다고 생각했는데 시간이 지날수록 생각이 달라졌다. 기부를 할 수 있도록 기회를 주는 사람이 수혜자 쪽이고, 기부자는 도움을 줌으로써 자신이 누군가에게 도움을 줄 수 있는 존재임을 깨닫게 된다. 그래서 돈은 기부자에게서 대상자에게로 흘러가지만 베풂의 자리로 초대하는 것은 수혜자이고 초대를 받는 쪽은 기부자이다.

기부는 어려운 처지의 이웃에게 큰 도움이 된다. 어쩌면 그런 도움을 받을 상황 자체를 겪지 않으면 더 좋을 일이다. 그렇지만 인생살이는 요지경이라서 누구나 까닭을 모르고 고난과 시련에 처할 수 있다. 누군가는 더 필요한 상황에 있고, 다른 누군가에게는 남아도는 것이 있다면 넉넉한 곳에서 부족한 곳으로 흘러가게 하는 것이 자연의 이치에 부합하는 순리다.

Part 4

법적으로 유효한 유언 쓰기와 말 못할 사정이 있는 사람들을 위한 상속 노하우

성숙하다는 것은
다가오는 위기를 피하지 않고
마주하는 것을 말한다.
_ 프리츠 퀸켈

법적으로
유효한 유언 쓰기

우리나라에는 아직 건강하고 바람직한 상속 문화가 자리 잡지 못한 것 같다. 우리나라의 상속은 법정상속주의인데, 현재 법에서 제시하는 상속은 몹시 일방적이고, 개개인의 사정을 고려한 것이 전혀 아니다. 법을 기초로 해서 각자 지혜롭게 융통성을 발휘해서 준비하면 좋지만 그런 예는 찾아보기 힘들고 유언장의 좋은 샘플을 찾기도 쉽지 않다. 이런 현실을 감안해서 일단 유언장을 쓰기로 하면 법적 효력이 있는 문서의 형식을 갖출 필요가 있다. 아울러 그 내용 면에서도 상속인이 자신의 의사를 충분히 담는 방식이라면 더욱 좋을 것이다.

법적으로 유효한 형식에 대해서는 우선 다음의 방식 정도를 알아두면 도움이 된다. 여기서는 민법의 내용을 법제처에서 유권 해석을 해둔 것까지 담았다. 추가로 정보가 필요하다면 법제처가 운영하는 '찾기 쉬운 생활법령정보 사이트(www.eastlaw.go.kr)'를 참고해보면 좋다.

자필증서에 의한 유언

유언자가 직접 자필로 유언장을 작성하는 방식이다. 유언자가 전문과 연 · 월 · 일, 주소, 성명을 직접 쓰고 날인해야 한다(「민법」 제1066조 제1항).

자필증서는 반드시 본인이 직접 써야 하기 때문에 다른 사람이 대신 받아 쓰거나 타자기나 워드프로세서 등을 이용해 작성하거나 또는 복사한 것은 자필증서의 효력이 없다. 유언의 성립시기를 따져야 하기 때문에 작성 일자를 기입하는 것이 매우 중요하다. 손수 연·월·일을 모두 적어야 하지만, 음력이나, 제 몇 회 생일, 혼인일 등 연 · 월 · 일을 정확하게 알 수만 있어도 괜찮다. 유언자의 거주 주소를 직접 써야 하며, 이름 대신에 흔히 쓰는 아호·예명·별명 등을 써도 좋다. 반드시 도장이나 지장을 찍어야 한다.

녹음 유언

유언자가 직접 유언 내용을 말하고 이를 음향 녹음 장치 등을 통해 녹음하는 방식이다(「민법」 제1067조).

음반, 테이프, 필름 등에 기록하는 것이라서 카세트테이프에 녹음하거나 비디오 동영상을 촬영하는 것도 녹음에 해당된다. 유언자가 유언의 취지, 본인 성명과 연 · 월 · 일을 구술한 후에 참여한 증인 1명이 '유언의 정확함과 자기 이름'을 구술하는 것을 모두 녹음해야 한다. 이때 증인은 유언의 정확함과 유언자의 말과 유언자가 누구인지를 확인할 수 있을 정도의 청취 능력과 이해·구술 능력이 있어야 한다.

공정증서에 의한 유언

공증인이 작성하는 공정증서를 작성하는 방식으로 공정증서유언 또는 유언공증이라고 부르기도 한다(「민법」 제1068조).

유언 공증을 하려면 유언자 자신과 증인 2명이 참석해야 하고, 반드시 공증인 앞에서 진행해야 한다. 증인은 결격 사유가 없어야 하고, 유언자가 유언을 시작할 때부터 증서 작성이 끝날 때까지 현장에 참여해야 한다. 공증인은 공증 업무를 수행할 수 있도록 법무부장관으로부터 임명받거나 공증 인가를 받은 법무법인 등을 말한다(「공증인법」 제1조의 2 및 「공증인법」 제15조의 2).

유언자가 증인 2명과 함께 직접 공증 사무실에 가서 공증인 앞에서 유언의 취지를 직접 말하고 공증인은 이를 필기한다. 비용이 좀더 들긴 하지만 공증 사무소로 갈 수 없을 경우에는 출장 공증 서비스를 받을 수도 있다. 필기한 내용은 유언자가 입으로 말한 것을 그대로 기록하는 것이 아니라 유언자가 말한 것의 취지를 표시하면 된다. 그리고 공증인은 작성한 내용을 유언자와 증인에게 읽어주고 그 내용이 정확한지 확인한다. 유언자와 증인은 공증인이 작성하고 읽은 내용이 유언의 취지에 맞으면 작성된 문서에 각자 서명 또는 기명날인을 해야 한다. 유언자와 증인의 승인이 없으면 문서는 무효가 된다. 공증인은 증서가 앞의 절차와 내용에 따라 작성되었다는 것을 유언서에 명시하고 서명날인한다.

만약 유언자가 직접 진술을 하지 않고 다른 사람이 말한 내용을 기초로 해서 공증인이 유언장을 작성한다면 이 유언은 무효가 된다. 공증 업무를 취급하는 변호사가 반혼수상태로 병원에 입원 중인 유언자에게 유언 취지를 묻자 유언자가 고개를 끄덕거린 것만으로는 공정증서(「민법」 제1068조)가 작성된 것이라고 볼 수 없으므로 그 유언은 무효하다는 판결이 나온 적이 있다(대법원 1993년 6월 8일 선고 92다8750 판결).

유언 공증은 공증 변호사가 법률적 요건을 직접 확인하고 진행하기 때문에 다른 유언 방식에 비해 진위 확인이 쉽고, 분쟁

해결이 쉽다는 장점이 있다(「공증인법」 제3조 및 「민사소송법」 제356조). 또한 다른 유언 방식과는 달리 유언자의 사망 후 유언장의 존재를 입증하는 법원에의 검인 절차를 밟지 않아도 되니 상속 절차를 진행하는 데도 수월하다(「민법」 제1091조 제2항). 한 가지 단점은 비용이 많이 든다는 점이다. 공증 변호사를 통해 유언 증서를 작성해야 하기 때문에 법에서 정한 수준의 수수료를 유언자가 직접 부담해야 한다.

'유언의 검인檢認'이란 유언자의 최종 의사를 확실하게 보존하고 그 내용을 이해관계인이 확실히 알 수 있도록 자필증서유언, 녹음유언, 비밀증서유언의 경우에 법원이 유언 방식에 관한 모든 사실 여부를 조사한 후 이를 확정하는 것으로 유언장에 의한 상속에서 매우 중요한 절차다(「민법」 제1091조 및 「민사소송법」 제364조 참조).

비밀증서에 의한 유언

비밀증서 유언은 진정한 유언서가 존재한다는 것은 미리 밝히지만 유언 내용은 사망 시까지 비밀로 하고자 할 때 주로 이용한다(「민법」 제1069조 제1항).

유언자는 2명 이상의 증인 앞에서 증서를 넣고 밀봉한 봉투를 제출하여 자신의 유언장임을 표시한 후 그 봉투의 표면에 제출한 연·월·일을 적고, 유언자와 증인이 각자 서명 또는 기명날인하는 방식이다. 유언자는 자신의 유언 취지를 적고 필기한 사람의 이름을 문서에 적는 방식으로 증서를 작성한다. 비밀증서 유언은 자필증서와 달리 타인이 필기해도 되고, 증인에게 필기를 부탁해도 된다. 다만 타인이 필기한 경우 유언장 맨 아래에 필기자라고 쓰고 이름을 적고 서명해야 한다. 그리고 그 증서를 봉투에 넣거나 종이에 싸서 훼손하지 않고는 개봉할 수 없도록 단단히 엄봉한 후에 봉서에 날인을 해서 손대지 못하도록 해야 한다. 유언자는 그 봉서를 2명 이상의 증인 앞에 제출, 자신의 유언임을 표시하고, 그 봉서 표면에 제출 연·월·일을 기재하고 유언자와 증인이 각자 서명 또는 기명 날인하게 한다. 그러고 나서 반드시 그 표면에 기재된 날로부터 5일 내에 공증인 또는 법원서기에게 제출하여 그 봉인상에 확정일자인을 받아야 한다(「민법」 제1069조 제2항).

구수증서에 의한
유언

질병이나 어떤 급박한 사유로 인해 다른 방식으로 유언하기 어려운 경우에 사용하는 특별한 유언 방식이다. '급박한 사유'란 임종 상황이거나 매우 위독한 상태를 말하는데, 본인이나 증인, 그 밖에 주위 사람에 의해 위독하다고 판단되는 경우여야 하며, 자필증서유언, 녹음유언, 공정증서유언, 비밀증서유언을 할 수 있는 경우에는 이 방식을 쓸 수 없다.

유언자가 2명 이상의 증인 앞에서 그중 1명에게 유언의 취지를 말하고, 그 말을 들은 사람이 이를 받아 적은 후 적은 내용을 모두의 앞에서 낭독한다. 그 내용에 대해 유언자와 또 다른 증인 1명이 그 정확함을 확인한 후에 각자 서명 또는 기명날인해야 한다(「민법」 제1070조 제1항).

구수유언을 한 경우에는 증인이나 이해관계자가 급박한 사유가 종료한 날(작성일)로부터 7일 내에 법원에 그 검인을 신청해서 진실성을 입증해야 한다(「민법」 제1070조 제2항).

구수유언은 유언자 본인이 직접 말한 내용에 근거해야 한다. 대법원 판례에 따르면 누군가가 미리 작성한 유언장이나 또는 유언의 취지가 적혀 있는 서면에 따라 유언자에게 질문을 하고 유언자가 동작이나 간략한 답변으로 긍정하는 방식은 유언 당시 유언자의 의사 능력이나 급박한 상황 등에 비추어볼 때 유효하다고 인정되기 어렵다(대법원 2006년 3월 9일 선고 2005다57899 판결). 만약 서면의 내용이 유언자의 진의에 따라 작성된 것이 확실하다고 할 만한 증거가 있다면 예외적으로 인정될 수도 있다.

상속 상담이 필요한 일반적인 사례들

말 못할 사정이 있어서 어떻게 재산을 정리해야 할지 고민하는 이들이 생각보다 많다. 대체로 자신이 처한 상황 때문에 생기는 고민이다. 주위에 친한 사람이 많아도 오히려 친한 사람들에게 재산 이야기나 자신의 약점에 대해 말하기는 더 조심스럽고 위험할 때도 있다. 그러니 오히려 적당히 거리가 있는 사람 중에 객관적인 입장에 있으며 속엣말을 하더라도 뒤탈이 적을 대상이 있다면 훨씬 편하게 말할 수 있다. 그리고 소크라테스가 간파했듯이 대부분의 사람들은 말을 하면서 자신의 생각이 정리된다.

미국에서는 관계에 문제가 있다거나 심리적으로 위축되거

나 정신적으로 어려움이 있을 때 상담을 권한다. 스스로 해결하기 어려운 문제에 잘 대처하도록 하기 위해 객관적이고도 안전한 서비스를 제공하는 것이다. 미국은 법과 제도에 상담자의 기준과 자격을 명확히 할 뿐더러 상담자들에게는 내담자의 상담 내용을 어떤 경우에라도 발설하지 않도록 하는 윤리적 책무성을 강하게 규정하고 있다. 이를 위반할 경우 법적으로 상담사 자격을 박탈하도록 하기도 한다.

상대적으로 이런 제도적 장치가 부족한 우리나라는 상담(카운슬링)을 하는 것이 쉽지 않다. 유산에 관해 자기 사정을 털어놓을 수 있는 객관적 시각과 윤리적 기준을 가진 사람이 있는데, 그가 바로 유산 기부 전문가이다. 유산 기부 전문가들과 함께 개별적인 상황을 상담하는 것이 가장 바람직하겠지만 여기서는 상담이 필요한 일반적인 사례들을 몇 가지 유형으로 분류하고 각각을 위해 간단한 조언을 해보려 한다.

복잡한 가족 문제가 있는 이들을 위한 조언

우리나라의 가족제도는 이전과는 많이 달라지고 있다. 대가족제도에서 핵가족화 되는 것에 대해 우려를 표하던 때가 불과 30여 년 전인데 지금은 단순 핵가족이 아니라 '1인 가족'이나 '비혼자', '돌싱'이라는 용어가 흔하게 쓰일 만큼 결혼과 가족제도에 대한 개념이 달라지고 있다.

결혼과 이혼이 자유롭다 보니 가족 관계가 복잡한 경우도 많아졌다. 아빠나 엄마가 다른 형제가 제법 있다는 것이다. 평소에는 그런 관계에 대해 약간의 불편함을 느낄 수는 있지만 그다지 의식하지 않고 살 것이다. 그런데 유산을 물려주는 상황이 오면 생각했던 것 이상의 상황이 펼쳐진다. 차라리 얼굴을 마주 대할 기회가 있었거나 서로의 존재를 인정하는 관계라면 조금 낫다. 평생 일면식도 없던 사람을 장례식장에서 만나게 되는 경우라면, 상대가 자신과 같은 핏줄이라는 것이 납득되지 않을 뿐만 아니라 극심한 스트레스에 시달리기도 한다. 고인에 대한 마음도 추모와 애도가 아닌 원망과 미움으로 치닫게 된다.

결혼을 두 번 했든 사실혼 관계든 마찬가지다. 사는 동안에는 자신의 선택이고 자신의 삶이지만, 죽을 때는 모두의 문제가 된다는 것을 기억하고 미리 대비해두어야 한다. 결혼에 대해서는 너무 복잡한 사정이 많아서 다 적을 수도 없다. 부모는 부모대로 자식은 자식대로 각자의 사정이 있다. 어떤 경우라도 자식들은 부모의 재혼을 흔쾌히 받아들이기는 매우 어렵고, 설령 받아들인다 해도 감정 밑바닥에는 약간의 불편함이 늘 남아 있다.

부모라고 좋기만 한 것은 아니다. 새로운 배우자와 같이 살기로 했지만 가족에게 미안함이 있고 자신에 대한 남들의 시선에 불편한 마음도 있다. 또 어른이기 때문에 스스로 자기의 체면을 세우기도 어려워한다. 이럴 때 자녀들이 알아서 부모의 입장을 헤아려주고 이해하고 존중하는 모양새를 취하면 가장 좋겠지만, 그런 자녀들은 드물다. 부모의 재혼에 어느 정도 삐딱하거나 서운함을 표하는 것까지는 괜찮지만 새로운 배우자에게 티를 내면서 함부로 하는 모습까지 보게 되면, 부모는 자신의 결정을 무시한다고 받아들이고 유산을 주고 싶지 않다는 생각까지 하게 된다.

유산을 정리할 때는 절대 감정적으로 결정해서는 안 된다. 유산 정리는 감정에 치우치지 않고 냉정하게 판단할 수 있을 때 해야 한다. 화가 치밀어 오를 때 유언을 하는 것이야말로 가장 나쁜 결정이 될 것이다.

가족 관계가 가장 어렵다. 가장 이해받고 싶기도 하면서 가장 이해하기 어려운 대상이기도 하다. 가장 소중하다고 생각하면서 가장 함부로 대한다. 복잡한 가정일수록 가족들에게 바른 언어로 소통하고 예의를 갖춰서 대해야 하며, 감정에 치우치지 않고 도리를 따라 행동하는 법을 배워야 한다. 자신의 의지와 말이 중요하다.

영어에서 '약속한다' 또는 '믿을 수 있다'라는 표현을 할 때 "My words"라는 표현이 자주 등장한다. "You have my words"를 직역하면 '당신이 내 말을 가졌다'로 해석되지만 그 의미는 '약속한다'는 뜻이다. 우리는 진심은 마음에 담아둔 채 말을 다르게 하거나 아예 하지 않아서 서로에게 상처를 주는 경우가 흔하다. 그런데 진심을 표하는 가장 좋은 방법은 말을 하는 것이다. 내 마음을 담아서 상대방에게 진심 어린 말을 할 때 다소 복잡하고 어려운 상황도 정리가 될 수 있다.

특히 말과 글은 습관이기도 하고 내면을 반영한다. 평소에 투박한 말 습관을 가진 사람은 아무리 공을 들여도 투박하게 말이 나온다. 진심 어린 말을 하고자 해도 상대방이 듣기 좋게 말이 나오지 않을 수도 있다. 마음속에 담긴 말을 전하는 것이 어렵거나 염려가 된다면 미리 어떤 내용으로 어떻게 말을 해야 할지 전문가와 상의하는 것도 좋다.

자녀의 재산 관리가
염려되는 이들을 위한 조언

이미 장성한 자녀를 둔 이들에게 해줄 수 있는 조언은 많지 않다. 세 살 버릇 여든 간다는 속담처럼 한번 생긴 습성은 좀처럼 바뀌지 않기 때문이다. 마음에 들지 않는 면을 바꾸려고 하기보다는 자녀의 현재 모습을 있는 그대로 인정하고 지혜롭게 결정하는 것이 답이다.

만약 자녀가 돈을 아낄 줄 알고 재정 관리를 잘하는 편이라면 상속에 대한 고민을 덜어내도 좋다. 돈을 많이 남기든 적게 남기든 설령 남기지 않는다 하더라도 어떤 방식으로든 자녀는 지혜롭게 자기 삶을 영위해나갈 것이다.

그런데 자녀가 씀씀이가 헤프거나 돈을 잘 관리하지 못한다면 잘 생각해봐야 한다. 그 자녀가 다른 능력이 있어서 스스로 직업을 갖고 일을 하면서 돈을 벌 수 있다면 그래도 괜찮다. 부모가 남기는 돈을 오래 지키지 못하거나 금방 써버릴 수도 있겠지만 그래도 살아가는 데 필요한 것을 스스로 충당할 수는 있으니 어차피 자기 인생의 문제라고 볼 수 있다.

문제는 씀씀이가 헤픈데 일을 해서 돈을 벌 능력이 없어 보이는 경우다. 이때는 고민을 해봐야 한다. 자녀의 직업이 무엇이냐는 질문에 사업을 한다고 대답하는 경우가 종종 있다. 작은 가게를 운영한다거나 개인 사업을 하는 경우도 있지만, 사업을 하고자 계속해서 시도만 하는 경우도 있다. 부모의 돈이 언젠가 자기 돈이 될 것이라 생각해서 부모의 돈을 사업자금이라 생각하고 사업을 하겠다는 자녀를 둔 분을 많이 만나보았다. 여유자금이 있어서 쉽게 사업을 시작하지만 경영할 능력이 없어서 오래 유지하지 못하니 부모들의 근심이 이만저만이 아니다.

계속해서 사업을 벌이기만 하는 것은 사업 능력이 있는 것이 아니라 그저 씀씀이가 헤픈 것일 뿐이다. 오래 지켜봐도 돈을 벌 능력은 없는데 씀씀이가 큰 자녀들에게 재산을 어떻게 남겨야 할지 고민되는 분들에게는 미리 신탁trust을 들어두기를 권한다.

신탁은 자산을 관리할 수 있는 금융기관에 일정 조건을 달아 재산을 맡기는 것이다. 자신의 재산이 언제, 누구에게, 어떤 방식으로 지급되면 좋을지를 계약자의 뜻대로 정해둘 수 있는 좋은 상속의 도구vehicle다. 물론 신탁을 든다고 해서 유류분을 피해갈 수는 없고 상당한 수수료를 지불해야 한다는 단점이 있다. 하지만 사후에 염려되는 것들에 대해 미리 예방할 수 있는 내용들을 포함해둠으로써 최악의 경우를 피할 수 있다는 장점이 있으니 충분히 고려해볼 만하다. 유명한 은행이라고 해서 신탁을 다 잘 다루는 것이 아니니 신탁을 전문적으로 다룰 수 있는 은행(수탁자)을 고르는 것도 중요하다.

발달장애인 자녀를 둔 부모를 위한 조언

"내가 우리 아이보다 딱 하루만 더 사는 것이 소원이에요."

발달장애인 자녀를 둔 부모의 고백이다. 신체가 불편한 사람들은 몸의 일부 기능만을 사용하지 못할 뿐 정신적으로나 다른 면에서는 오히려 능력이 더 뛰어나기도 하다. 반면 발달장애인은 대개 누군가가 밀착해서 보살피지 않으면 스스로 판단하거나 중요한 결정을 하기 어렵고 평생 보살핌을 필요로 한다.

우리나라는 아직 발달장애인들을 위한 제도가 잘 마련되어 있지 않다. 최근에야 관련 서비스 기관이 생기고 있지만 전문적인 보살핌이 이루어지지 못하고 있다. 부모들이 혼자 해결하기 어려운 문제들을 함께 힘을 모아 대처하고는 있지만 여전히 사회적 장벽이 높다.

이런 부모들에게도 신탁은 유용한 방법이다. 아직 부모의 생전에 유언의 형식으로 자기 자녀에게 매달 일정 정도 돈이 지급될 수 있도록 계약 조건을 설정하고, 그 돈의 관리자나 집행인과 그들이 이행할 의무에 대해서도 꼼꼼하게 정해둘 수 있다. 만약 관리자나 집행인이 의무를 다하지 않으면 신탁의 수탁자인 금융기관에서는 돈을 지불하지 않을 수 있기 때문에 부모가 없더라도 일정 정도 자녀가 보살핌을 받을 수 있는 안전장치가 될 수 있다. 다만 한계가 있다면 신탁은 재산이 적으면 답이 되기 어렵다. 모든 부모의 재정이 다 넉넉하지는 않기 때문에 원한다고 해서 모두가 신탁을 활용할 수는 없다. 기본적으로 신탁을 하려면 자산의 규모가 커야 하고, 그 자산을 장기간 운용하고 관리하고 집행하는 과정에 대해 상당한 수수료를 지불해야 하는 금융 상품이다. 따라서 부모가 가진 자산이 어느 정도 충분하고 여유 있을 때 활용할 수 있다.

혼자 사는 여성을 위한 조언

요즘은 혼자 사는 여성이 꽤 많다. 나이도 혼자 사는 이유도 다양하다. 일에 너무 몰입한 나머지 연애나 결혼에 신경 쓸 틈이 없었던 사람도 있고, 처음부터 아예 혼자 사는 것을 신념으로 하는 사람도 있다. 주변에서 결혼에 대한 부정적인 경험을 너무 많이 들어서 결혼을 아예 고려하지 않는 사람도 있고, 삶의 성향이 자유분방해서 독립적으로 혼자 살기를 지향하는 사람도 있으며, 당장 사정이 여의치 않아 미루고 미루다가 혼기를 놓친 사람도 있다. 사연이야 어떻든 중요하지 않다.

내가 만난 여성 중에 상당수는 어느 날 돌연히 떠오른 생각이 자신의 삶의 방향을 바꾸었다고 이야기했다. 갑자기 몸이 크게 아파서 방 안에 혼자 누워 있을 때, 어느 날 문득 삶에 재미가 없어지고 인생이 무상하다고 느껴질 때, 세상에 자기 혼자라는 것이 너무 크게 다가오고 외로움이 사무칠 때, 자신이 왜 이렇게 살고 있는지, 누구를 위해 이렇게 열심히 살았는지, 자신이 죽고 나면 모든 것이 어떻게 될지 등등 여러 질문이 머리를 떠나지 않는다고 했다.

혼자 사는 것은 참으로 자유로운 생활이지만, 삶의 끝에 마무리를 해줄 믿을 만한 조력자가 없다면 인생 후반에 미처 생각지 못한 염려가 커질 수 있다. 가족제도가 아니더라도 노년과 삶의 중간중간 홀로 외로울 때 도움이 될 수 있는 관계들을 찾고 발전시키는 노력이 필요하다. 친척도 좋고 친구도 좋다.

한 여성 기부자에게 조카들을 자주 만나보라고 권한 적이 있다. 그녀는 잠시 망설이다가 조카는 사랑스러운데 올케가 어렵다고 말했다. 나는 잠깐 그녀의 올케 입장이 되어보았다. 혼자 사는 시누이를 초대해서 저녁식사를 하는 것이 그토록 어려운 일일까. 사람마다 입장이 다를 것 같기는 했다. 한편으로는 그 올케가 먼 훗날 혼자 사는 시누이의 재산이 자신의 자녀들에게 남겨질 수도 있다는 것을 알았다면 그렇게 소원하게 지낼까 하는 생각도 들었다. 명절이나 크리스마스 같은 시기에 혼자보다는 누군가와 함께 시간을 보낸다면 그 사람이 가족이고 이웃일 수 있다.

혼자 사는 사람들은 대체로 약간의 불편함은 스스로 감내하며 인간관계를 판단하는 감수성이 발달해 있다. 알게 모르게 자신의 삶에 들어와 있는 사람들과의 거리를 본능적으로 측정하고 있는 듯하다. 언젠가 혼자 세상을 떠날 때 자신의 소중한 것들을 어딘가에 남겨야 한다면 분명 자신과 가깝고 의미 있는 대상에게 남기고 싶을 것이다. 싫든 좋은 우리나라에서 상속은 법정상속주의이므로 가까이 지내지 않았던 사람에게도 재산이 가도록 되어 있다. 그러니 기왕 재산을 남겨주어야 할 대상이 있다면 소원하게 지내지 말고, 아직 건강하고 서로에게 시간이 있을 때 함께 보내는 것이 더 지혜롭지 않을까. 그리고 재산의 일부는 평소에 아끼고 중요하게 생각했던 좋은 사업에 기부를 하는 것도 의미 있을 것이다.

Epilogue

단 한 번뿐인 소중한 삶을 위하여

삶이 소중한 이유는

언젠가 끝나기 때문이다.

_ 프란츠 카프카

●●●

20여 년간 펀드레이저로 일했다. 기부자들에게 그들이 어떻게 돈을 벌고 어떻게 모으고 어떻게 썼는지 많은 이야기를 들었다. 다른 사람들에게 내놓고 말하기 힘든 각각의 내밀한 이야기들은 한 사람의 인생을 관통하는 총체적인 경험이었다.

이렇듯 진짜 돈 이야기를 들으면서 나는 소유와 영향력의 차이를 깨달았다. 돈을 벌기 위해 애쓰기만 한 사람들로서는 도저히 알 수가 없는 커다란 차이였다.

돈을 벌다 보면 정작 돈이 왜 필요한지는 까맣게 잊고, '갖는 것' 자체가 목적이 되는 경우가 많다. 돈이 많으면 다 좋다고 생각한다. 나 역시 그렇게 생각했다. 하지만 정말 많으면 좋기만 할까? 돈을 충분히 갖기는 어렵다. 평생 돈을 벌어도 흡족할 만큼 돈을 벌기 어렵다. 인생의 목표가 소유라면 그 목표는 달성되기 어렵고, 목표를 달성하지 못한 인생은 스스로에게도 실패한 삶으로 규정되기 십상이다. 정작 소유하지도 못하고, 왜 소유하고자 했는지도 모른 채, 그렇게 허무하게 인생을 마감하게 되는 것이다.

●●●

인생은 어떻게 완성되는가?

내가 본 기부자들은 소위 말하는 '돈에 무른' 사람들이 아니다. 오히려 계산이 빠른 사람들이었다. 많이 벌면 좋다고 생각했지만 실제 벌고 나니 그 돈을 다 쓰지 않더라는 것이다. 나는 미리 나눠주거나 증여하고 상속하는 등 대책을 마련하지 않고 있다가 세상을 뜨고 나서 그 많은 돈 때문에 가족들이 불화하게 되는 경우도 많이 봤다. 생전에 그 비극을 온몸으로 겪으며 괴로워하는 분도 숱하게 보았다. 돈도 세월도 수고한 인생도 의미 없이 사라져버렸다.

지혜로운 기부자들은 지금부터 살아 있는 동안 자신에게 필요한 돈이 얼마인지 계산하고, 나머지 돈을 어떻게 쓰고 나누는 것이 좋을지를 적절한 시기에 결정했다. 돈을 벌면 많은 것이 해결될 거라고 생각했지만, 돈의 쓰임을 알아야 인생을 완성할 수 있다는 것을 절실하게 깨달았다.

•••

참 잘 살았고, 고맙고, 행복했다!

매화가 피면 옷차림이 가벼워지고, 낙엽이 지면 김장을 준비하는 것은 그다음에 무슨 일이 닥칠지를 아는 까닭이다. 하루 이틀 날씨를 짐작하거나 계절의 변화를 예측하고 대비할 수 있는 것은 지난 경험 덕이다. 하지만 아쉽게도 인생은 단 한 번뿐이라서 지난 경험을 통한 개인적인 교훈을 얻는 데 한계가 있다.

글을 쓰면서, 부족하지만 누군가에게는 미처 생각해보지 못한 인생의 힌트가 될 수도 있기를 바랐다. 내가 보잘것없는 경험을 쓰기로 마음먹은 것은 첫째로는 더 많은 사람들에게 돈에 얽힌 진실을 알리고 인생의 행복을 나누고 싶어서다. 둘째는 기부자들께 감사를 표현하기 위함이고, 셋째는 내 신앙의 고백이다. 이 글은 나만의 이야기가 아니며, 순식간에 완성된 것도 아니다. 더 나은 세상이 되기를 바라는 수많은 분들과 NGO 활동가들의 수고가 이야기마다 녹아 있다. 모두에게 감사함을 전하고 싶다.

더 많은 사람들이 단 한 번뿐인 인생을 마감할 날이 올 때 '참 잘 살았고, 고맙고, 행복했다'는 유언을 남길 수 있는 사회가 되기를 소망한다.

Appendix

세계 최고 부자들이 알려주는 나눔과 기부

앤드루 카네기에게 배우다

자손이 정말로 행복하기를 바란다면

●●●

"인간의 일생은 두 구간으로 나뉘는데, 전반부는 부를 일구는 시기이고, 후반부는 부를 나누는 시기이다. 통장에 많은 돈을 남기고 죽은 사람처럼 치욕적인 인생은 없다. 재물은 남을 위해 사용될 때 더욱 빛을 발한다."

앤드루 카네기Andrew Carnegie는 위대한 기부자로 평가받는다. 어마어마한 재산을 기부했다는 것 자체도 대단하지만 미국에 현재까지 존재하고 있는 5만 6,000여 개의 자선재단을 설립하는 데 기여함으로써 미국 기부문화의 기틀을 세운 사람으로 더 주목받는다. 카네기는 저서 『부의 복음Gospel of Wealth』에서 "부자인 채 죽는 것은 정말 부끄러운 일"이라며 사회에 환원하는 것이 부자들의 고귀한 의무임을 강조했다.

1835년 스코틀랜드에서 태어난 그는 1848년 가족과 함께 미국 펜실베이니아주 피츠버그로 이주한다. 열세 살 때부터 섬유기계공, 증기기관 관리자, 배달원 등으로 여러 일을 하다가 1853년에 펜실베이니아의 철도회사에 취직해 당시 고위관리자였던 토마스 스콧의 눈에 들어 비서로 일하게 된다. 전쟁 후 스콧은 자신의 철도관리직을 카네기에게 물려주었다. 카네기는 번 돈을 침대차 회사에 투자해 큰 이익을 얻고, 이후 철도기재 제조회사, 운송, 석유회사 등에도 투자해 상당한 부를 이룬다.

영국을 수시로 방문하면서 철강산업이 엄청나게 성장하는 것을 본 카네기는 철도회사를 사직하고 철강업을 시작했다. 얼마 후 남북전쟁이 끝나고 영국과 미국에서 철 수요가 급증한 덕에 그의 사업은 기하급수적으로 성장한다. 1870년대부터 일어난 기업합병의 붐을 타고 그는 피츠버그를 중심으로 석탄, 철광석, 광석 운반용 철도, 선박 등을 수직계열화하는 하나의 거대 철강 트러스트를 이루고, 1892년 카네기 철강회사Carnegie Steel Company를 설립한다. 당시 세계 최대의 철강 트러스트로서 미국 철강의 4분의 1 이상을 생산하는 규모였다. 이후 우여곡절이 있었지만 1900년 강철 생산량은 10배가 넘게 증가했고 매출은 20배 이상 오른다.

한편 무리한 경영을 탓하는 노조를 무력으로 탄압하게 된 카네기는 자신의 철강회사를 JP 모건Morgan에 5억 달러에 매각하고 실업계에서 은퇴한다. 이후 자선사업을 시작하면서 인생 후반전을 열게 된다. 그로부터 18년간의 여생은 자신이 그동안 이룬 부를 사회에 환원하는 데 바쳤다.

카네기는 기업을 매각한 돈으로 재단을 설립하고 기금을 운영하여 교육, 국제 평화와 안전, 국제 발전, 미국 민주주의의 발전 등에 집중 투자했으며 그중 교육에 가장 많은 투자를 했다. 미국과 영국에 총 3,000개의 도서관을 지었고, 과학 발전을 위해 카네기 멜론 대학의 전신인 카네기 과학연구원과 기술원을 설립한다. 그뿐 아니라 그는 각종 문화예술 분야와 전쟁을 예방하기 위한 '세계평화기금Endowment for International Peace'에도 기금을 출연한다. 카네기홀, 카네기 인스티튜트, 피츠버그의 카네기 도서관, 카네기 박물관, 스코틀랜드 대학의 카네기 장학기금, 덤퍼린 카네기 장학기금, 뉴욕의 카네기 코퍼레이션 등은 모두 그 산물이다.

카네기는 유산을 남기는 법에 대해 다음과 같이 말했다.

"세 가지 방식으로 유산을 남길 수 있는데, 첫째는 자손에게 물려주는 것이고, 둘째는 공익 기관에 유증하는 것이고, 셋째는 사는 동안 소유자가 직접 관리하면서 사회에 기여하는 것이다."

"자손에게 막대한 유산을 남겨주는 것은 독과 저주를 주는 것이다. 많은 재물은 의타심과 나약함을 유발하고 비창조적인 삶을 살게 하는 경향이 있다. 만약 자손의 진정한 행복을 생각한다면 결코 많은 재산을 물려주지 말아야 한다."

또 카네기는 "부자는 단순히 재산을 맡아 관리하는 수탁자에 불과하며 이웃의 가난한 사람들을 위해 일하는 대리자에 지나지 않는다"고도 말했다. 그는 어린 시절 가난했던 경험이 있었기 때문에 부를 낭비하지 않았으며, 투자를 통해 돈을 잘 벌기도 했지만 돈을 잘 씀으로써 국가와 사회와 가난한 이들의 삶에 큰 변화를 가져왔다.

워런 버핏에게 배우다

사회에는 전 재산을! 자녀에게는 평범한 삶을!

●●●

워런 버핏Warren Buffett은 자타가 인정하는 세계 최고의 투자자다. 그런데 그는 1958년 고향에서 3만 1,500달러를 주고 산 2층짜리 낡은 집에서 지금까지 살고 있으며, 맥도날드 햄버거와 코카콜라를 즐기고 오래된 중고 캐딜락 자동차를 몰고 다니는 검소한 생활을 하고 있다.

그의 아버지 하워드 버핏은 근면한 증권 세일즈맨이었지만, 대공황의 여파로 실업자가 되었다가 재기해 연방 하원의원에 당선되고 워싱턴 DC로 이사했다. 버핏은 1930년 대공황 때 네브래스카주 오마하에서 주식 거래상의 둘째 아들로 태어나 열한 살 때 처음 주식 투자를 시작했다. 워런 버핏은 열네 살부터 신문 배달을 시작했고 펜실베이니아대학 재학 중에는 신문 배달 회사를 세워 1만 달러를 저축했다. 이 돈을 주식에 투자한 게 그의 부富의 출발이었다.

그의 아버지는 그가 여섯 살 때 주식 통장을 선물해 돈에 눈뜨게 했지만, 자신의 재산을 상속하지는 않았고 '인구 억제, 핵 문제를 다루는 기구'에 모두 기부했다. 버핏은 자신도 아버지처럼 거의 모든 재산을 기부하기로 약속했다.

워런 버핏은 2006년 6월 빌 게이츠의 재단에 370억 달러에 달하는 거액의 재산을 상속했다. 아들이 아닌 빌 게이츠에게 전 재산을 준 것은 그가 믿음이 가고, 자신보다 운영을 잘할 것이라는 이유에서였다. 불법 상속으로 감옥에 갈 처지도 아니고 기업 비리로 손가락질 받는 것도 아니며 자신의 이름을 남기려고도 하지 않는 점이 그를 더욱 빛나게 한다. 미국의 기업인들도 사회에서 곱지 않은 시선을 받는 것은 마찬가지지만, 한편에는 부자들이 자신들이 번 돈을 순수하게 사회를 위해 내놓는 기부문화가 견고하게 자리 잡고 있다.

버핏은 삼남매를 모두 평범하게 키웠고, 공립학교에 보냈다. 버핏은 어릴 때부터 자녀들에게 돈을 후하게 쓰지 않았고, "전 재산은 사회에 기부할 것"이라고 이야기했다. 이 때문에 자녀들은 유산을 물려받을 생각 대신 자신만의 삶을 설계했다. 장남 하워드는 농장을 운영하고, 막내 피터는 작곡가로 활동하고 있다.

버핏은 "내 자식들이 내가 이 사회에서 차지하는 위치를 물려받을 수는 없다"고 했으며, "부가 세습되어서는 안 된다"고도 했다. 그는 죽고 나서 남기는 것이 아니라 아직 살아 있을 때 전 재산을 기부함으로써 미국의 부자들 사이에 생전 기부의 흐름을 만들었다. 워런 버핏은 자신의 기부가 가장 위대한 투자임을 확신한다.

리카싱에게 배우다

성공한 사람이 되려면

●●●

'아시아의 버핏'으로 널리 알려진 홍콩 청쿵그룹의 창업자 리카싱李嘉誠은 초등학교 교장이었던 아버지 리윈징李雲經의 검소하고 청빈한 삶으로부터 영향을 받았다. 부친이 유산도 없이 결핵으로 세상을 뜨자, 사남매 중 장남인 리카싱은 가족 생계를 위해 중학교를 1학년 때 중퇴하고 시계가게 점원으로 취직했고, 스물두 살 때 홍콩에서 플라스틱 회사인 청쿵실업을 세웠다.

그는 사업을 시작할 때 타인을 위한 사업을 하기로 원칙을 정하고 지금까지 행동에 옮기고 있다. 단적으로 그는 리카싱기금회(재단)를 '셋째 아들'이라 부르면서 자기 재산의 3분의 1을 기부했다. 대학과 병원, 빈곤촌 등에 기부할 때는 직접 현장에 가서 보고 확인했다.

리카싱은 자녀들에게는 매우 엄격했는데, 두 아들은 미국 유학 시절 맥도날드와 골프 연습장 아르바이트를 하면서 직접 돈을 벌어서 쓰게 했다. 또 두 아들이 다닌 초등학교는 대다수가 자가용으로 등하교를 하고, 아이들이 명품을 두르고 다니는 곳이었지만, 자녀들은 리카싱과 함께 붐비는 전차를 타고 등하교를 했다. 리카싱은 아들들에게 '전차와 버스 안에서 만나는 가장 평범한 삶과 사람이 현실적인 삶이고 현실 사회'라고 알려주었다고 한다. 아들들에게 용돈도 조금밖에 주지 않아 두 아들은 아르바이트로 용돈을 벌어야 해서 어릴 때부터 서빙 등 여러 일을 했고 자신들이 번 돈으로 형편이 어려운 아이들을 도와주기도 했다.

리카싱은 사회에 거액의 기부를 했지만 자신의 삶은 매우 검소해서, 26달러짜리 저렴한 일본제 시계를 차고 다니고, 10년 전 양복을 여전히 입는 데다 30년 전부터 살던 집에 그대로 살고 있다. 리카싱은 "지금까지 스스로를 위해 돈을 번 것이 아니며, 더 이상 돈이 필요하지도 않다"라고 말했다.

"자녀 교육의 99퍼센트는 인간의 됨됨이를 가르치는 것이다. 성인이 되어서도 3분의 2는 됨됨이, 3분의 1은 사업 기술을 가르쳐야 한다. 그래서 내 아들들에게도 어려서부터 좋은 사람, 정직한 사람이 된 후에 성공한 사람이 될 수 있다는 교육을 시켰다. 정직한 사람이 되려면 반드시 작은 이익을 탐하기보다는 다른 사람을 더욱 배려해야 하고, 성공한 사람이 되려면 반드시 노력하며 신용을 쌓아야 한다."

리카싱은 두 아들을 교육하면서 성공하려면 그것에 필요한 모든 기본적인 조건을 갖춰야 할 뿐만 아니라 반드시 상대방의 이익을 세심하게 배려하고 자신의 이득만 취해서는 안 된다는 점을 일찍부터 가르쳤다. 과학적 경영 지식을 배우게 하는 동시에 처세를 위한 중국 철학의 공부를 강조했고, 교양과 겸손한 태도, 인내와 끈질긴 의지를 인생 전략으로 삼도록 가르쳤다. 그의 노력 덕택에 자녀들도 어릴 때부터 아버지에게 의존하는 대신 스스로 돈을 벌고 역량을 쌓기 위해 노력했다. 리카싱은 두 아들이 미국 스탠퍼드 대학을 우수한 성적으로 졸업한 후에도 가족 기업에 입사하는 것을 허락하지 않았다. 그들은 캐나다에서 맨손으로 시작해 엄청난 수고와 노력을 다한 끝에 각각 부동산 개발회사를 세우고, 토론토 투자은행의 최연소 파트너가 되었다. 아버지가 없어도 자신들의 능력으로 일어서 가족들을 부양하고 가업을 이어나갈 능력을 갖추게 한 것이다.

빌 게이츠에게 배우다

젊어서부터 기부를 시작하다

●●●

빌 게이츠Bill Gates는 현대 기부 역사의 최고봉에 서 있다. 1986년 마이크로소프트사를 상장한 이후 서른한 살의 나이로 역사상 최연소 억만장자가 되었고, 미국 경제 잡지 《포브스》가 선정하는 '세계의 갑부' 1위를 10년 이상 유지했다. 영국의 경제 신문 《파이낸셜타임스》가 선정한 '존경받는 세계의 비즈니스 리더'이자 300억 달러의 재산을 기부한 세계 최고의 자선가이기도 하다. 그는 앤드루 카네기가 이룬 미국 기부의 전통을 찬란한 기부문화로 승화시킨, 시대의 영웅이라 불리기도 한다.

빌 게이츠는 1955년 워싱턴주 시애틀에서 태어나 열세 살에 독학으로 컴퓨터 프로그래밍을 배웠다. 하버드대학을 중퇴하고 열아홉 살에 친구인 폴 앨런과 1,500달러를 자본으로 MS사를 설립한 것은 유명한 일화다. 컴퓨터가 보급되지 않았던 시절에 이미 '모든 책상 위에 컴퓨터를, 모든 가정에 컴퓨터를'이라는 꿈을 꾸었고, 또 이루어왔다.

1995년 윈도우 개발로 세계 소프트웨어 시장을 장악했고, MS의 연매출 400억 달러 이상을 달성한 그는 관심을 필란트로피Philanthropy 영역으로 돌렸다. 인류와 복지를 위한 사업에 뛰어든 것이다.

빌 게이츠는 제3세계의 빈민 구호와 질병 퇴치에 앞장서서 매년 저개발 국가 어린이 교육, 난치병 연구 등 사회공헌 프로그램에 천문학적인 규모의 돈을 기부하고 있다.

아내와 함께 '빌 앤 멜린다 게이츠 재단'을 설립해 매년 14억 달러를 각종 연구 등에 기부하고 있다. 최근 미국 내 소수민족 학생을 위해 기부한 장학금만 18억 달러에 달하고 아프리카 어린이 말라리아 퇴치 등에도 32억 달러를 기부했다. 게이츠 재단은 2004년에 결핵 백신 연구용으로 8,300만 달러를 '에어러스 글로벌 결핵 백신 재단'에 기부했는데, 이는 연간 전 세계 결핵 백신 연구 비용의 2배 이상이다.

빌 게이츠는 노블리스 오블리주에 머물지 않고 인류를 위한 사업에 동력이 되고, 가족과 MS도 이에 적극적으로 함께하고 있다. 회사 직원 전체의 필란트로피를 촉진시키기 위해 회사 내에 필란트로피 팀을 만들고 직원들의 기부에 동일한 금액을 회사가 매칭하는 '기빙 매치Giving Match 프로그램'을 운영한다.

그런 빌 게이츠가 2006년 6월, 세계를 깜짝 놀라게 하는 발표를 했다. 은퇴를 선언한 것이다. 그는 회사 측을 통해 낸 발표문에서 2008년 7월 31일자로 MS의 경영에서 손을 떼고 자신이 세운 자선기관인 '빌 앤 멜린다 게이츠 재단' 업무에 주력할 뜻을 밝혔다.

빌 게이츠 역시 검소한 생활을 하고 있으며 자신이 가진 전 재산의 무려 99퍼센트를 사회에 내놓고 세 자녀에게는 각각 1,000만 달러씩만 상속하겠다고 선언하기도 했다. 대부분의 부자들이 젊어서는 수단과 방법을 가리지 않고 돈을 벌다가 노년에야 돈을 잘 쓰기 위해 기부를 하는데, 젊어서부터 거액 기부를 해온 것이 그가 대단하다고 평가받는 지점이다. 바로 이 이유 때문에 워런 버핏으로부터 무한한 신뢰를 받게 된 것이다.

테드 터너에게 배우다

많은 돈을 가지고 있다는 것은 팝콘을 먹는 것과 같다

●●●

미국 CNN 방송의 창업자 테드 터너Robert Edward Turner III는 천재적인 아이디어맨이자 창의적인 사업가이고 행동하는 기부자로 정평이 나 있다. 테러리즘에 반대하고, 자연생태 보호를 주장하며, 여성의 권리를 위해 목소리를 높이고, 핵 군축을 주장하며 이라크전을 반대하기도 한다. 미국 정부가 외면하는 거액의 UN 분담금 10억 달러를 대신 내서 세계를 놀라게 했고, 수없이 많은 자선 사업과 비영리단체를 지원하고 있다. 그는 개인 재산의 반 이상을 보건, 환경보호, 야생생물 보호, 인권 증진, 인구 증가 관련 문제 등을 다루는 단체들에 투자했다.

1990년에 설립한 터너 재단은 핵무기 통제, 십 대의 임신 예방, 멸종 위기에 놓여 있는 미국 흰두루미 보호, 러시아의 환경정화 운동 등에 4,900만 달러를 기부했고, 1997년부터 '터너 멸종위기종 보호기금'을 통해 토착 식물과 새, 물고기 및 포유동물의 보전 등 생태계 회복 운동을 지원하고 있다. 1999년에는 자국 정부에게 공격받고 있던 세르비아 남부 코소보의 피난민 지원을 위해 100만 달러를 기부했고, 2000년에는 574개의 환경단체 및 인구 이슈 단체에 4,400만 달러를 기부했다. 2000년에는 푸틴 러시아 대통령과의 면담 후에 대량살상무기의 위험을 경감시키고자 하는 NGO 단체인 '핵 위협 이니셔티브Nuclear Threat Initiative'에 2억 5,000만 달러를 기부하기도 했으며, 2002년에는 유고슬라비아의 원전 해체 및 러시아로의 이전 비용 500만 달러를 내놓아 세간의 주목을 받기도 했다.

빌 게이츠나 워런 버핏을 설득해 위대한 기부자로 변신시킨 사람이 바로 터너였다는 것은 이미 널리 알려진 사실이다. 사업에만 몰두하고 있던 빌 게이츠에게 너무 많은 돈을 은행에 예금하고 미래를 준비하는 것은 참으로 불행한 일이며, 그 돈으로 남을 돕는다면 인생이 훨씬 풍요로워질 것이라고 충고했고, 빌 게이츠는 이 말에 감동받아 역사에 길이 남을 위대한 필란트로피스트가 된 것이다.

"돈이 많아도 어디에 써야 할지를 모르는 사람이 의외로 많다. 쓸 줄 모르는 사람에게는 아무리 재산이 많아도 의미가 없다."

터너의 열정적인 구호 활동의 뿌리는 자신의 아버지에게 있었던 것 같다. 그는 1938년 오하이오 주 신시내티에서 태어났다. 간판 광고업에 종사하던 그의 아버지는 사업 부진으로 그가 스물다섯 살이 되던 해에 권총으로 스스로 목숨을 끊었다. 그 후 터너는 사업에 뛰어들어 "폭탄이 아닌, 아이디어로 세상을 정복하겠다"며 열정적으로 도전했다. 1975년에 터너는 최초로 통신위성을 이용해서 전국 유선 텔레비전 방송국인 TBS를 세우고 1976년 애틀랜타 브레이브스 프로야구팀을, 1977년 애틀랜타 호크스 농구팀을 매입했다. 1980년 세계 최초의 뉴스 전문 케이블 방송사인 CNN을 설립, 1986년 엔터테이먼트 회사인 MGM/UA를 인수하고, 1988년에는 유선 텔레비전 네트워크인 TNT[Turner Network Television]를 창설했다. 그 후 TBS는 타임 워너Time Wanner Inc.와 합병했고, 타임 워너는 다시 AOL[American Online, Inc.]과 합병해서 오늘에 이르게 된다. 그는 돈에 대한 생각을 이렇게 밝혔다.

"많은 돈을 가지고 있다는 것은 팝콘을 먹는 것과 같다. 팝콘으로 배를 채울 수는 있지만 만족은 없다. 만족을 얻으려면 남을 배려하는 삶을 살 필요가 있다. 부자일수록 사회에 대한 책임의식을 가져야 한다. 한국의 부자들이 그렇지 못한 이유로 비난을 받고 있다면 불행한 일이다.”

참고 문헌

●●●

송길원, 『숲속의 잠자는 마을, 이야기로 집을 짓다』, 하이패밀리, 2020
오무라 오지로, 『쩐의 세계사』, 하연수·정선우 옮김, 21세기북스, 2016
탄줘잉 편저, 『살아있는 동안 꼭 해야 할 49가지』, 김명은 옮김, 위즈덤하우스, 2004
한종희, 『스토리텔링 상속 증여세』, 혜지원, 2015
신재열, 『상속을 디자인하라』, 시대에듀, 2015
칩 히스·댄 히스, 『순간의 힘』, 박슬라 옮김, 웅진지식하우스, 2018
진애언, 『외로운 기부, 지난 10년간의 편지』, 경암교육문화재단, 2015
하노 벡, 『부자들의 생각법』, 배명자 옮김, 갤리온, 2013
예종석, 『노블레스오블리주』, 살림, 2006
황현산, 『밤이 선생이다』, 난다, 2017
박인만, 『다시 태어나도 제 부모님이 돼주실 수 있나요?』, 해피페이퍼, 2020
세스 고딘, 『이카루스 이야기』, 박세연 옮김, 한국경제신문, 2014
권오상, 『돈을 배우다』, 오아시스, 2017
찰스 핸디·엘리자베스 핸디, 『신세대 기부자들』, 수희향 옮김, 뮤진트리, 2011
정미영, 『내 인생의 징검다리 기부』, 동쪽나라, 2019
크리스티아 프릴랜드, 『플루토크라트』, 박세연 옮김, 열린책들, 2013
김수혜 외, 『기적을 만드는 사람들』, 로도스, 2012
더그 로선, 『나눔이 주는 아주 특별한 선물』, 임금선 옮김, 아르케, 2004
제니퍼 맥크리어 외, 『즐거운 모금 행복한 기부』, 송철복 옮김, 나남, 2015
백승종, 『상속의 역사』, 사우, 2018
러스 앨런 프린스·캐런 마루 파일, 『기부자의 7가지 얼굴』, 박세연 옮김, 나남, 2015
애덤 그랜트, 『기브앤테이크』, 윤태준 옮김, 생각연구소, 2013
리처드 탈러·캐스 선스타인, 『넛지』, 안진환 옮김, 리더스북, 2009

이언 레슬리, 『큐리어스』, 박종윤 옮김, 을유문화사, 2014
카민 갤로, 『최고의 설득』, 김태훈 옮김, 알에이치코리아, 2017
배정식 외, 『신탁의 시대가 온다』,타커스, 2019
차철용, 『부자가문』, 랜덤하우스, 2011
페기 루 모건, 『부모가 알아야 할 장애자녀 평생 설계』, 전미영 옮김, 부키, 2010
배정식·길혜전, 『신탁 상속』, 브렌즈, 2012
홍원표, 『상속 증여』, 인벤션, 2017
박태현, 『따뜻한 변화 에너지, 소통』, 웅진윙스, 2007
스스키 겐지, 『유들유들하게 삽시다』, 변태관 옮김, 태학당, 1995
메이슨 커리, 『리추얼』, 강주헌 옮김, 책읽는수요일, 2014
심우창, 「일본의 고령화 현황 및 고령사회 대책 연구보고서」, 한국보건산업진흥원, 2017

●●●

Thomas J. Stanley and William D. Donko, *The Millionaire Next Door*, Pocket Books, 1996
Reynold Levy, *Yours for the Asking*, Wiley, 2009
Ted Hart, James M. Greenfield, Pamela M. Gignac and Chrispopher Carnie, *Major Donors*, Wiley, 2006
Michael Moody and Beth Breeze, *The Philanthropy Reader*, Routledge, 2016
James Andreoni, "*Impure Altruism and Donations to Public Goods: A Theory of Warm-Glow Giving*", Economic Journal, 1990
Andrew Carnegie, Introduction by Gordon Hutner, *The Autobiography of Andrew Carnegie and The Gospel of Wealth*, Penguin Publishing Group, Kindle Edition, 2006

표지 그림
The Letter, Pierre Bonnard, 1906

본문 그림
Prelude, Willard Metcalf, 1909
Dining Room on the Garden, Pierre Bonnard, 1934~1935
The Deserted Beach, William Merritt Chase, 1902
Bouquet of violets, Edouard Manet, 1872

EBS CLASS ⓔ 시리즈 13

나는 새해가 되면 유서를 쓴다

1판 1쇄 발행 2021년 1월 29일
1판 2쇄 발행 2021년 2월 26일

지은이 황신애

펴낸이 김명중 | **콘텐츠기획센터장** 류재호 | **북&렉처프로젝트팀장** 유규오
북매니저 박민주 | **렉처팀** 김형준, 이유선, 김미란, 이세라 | **마케팅** 김효정

책임편집 정진라 | **디자인** 오하라 | **제작** 공간
펴낸곳 한국교육방송공사(EBS)
출판신고 2001년 1월 8일 제2017-000193호
주소 경기도 고양시 일산동구 한류월드로 281
대표전화 1588-1580 **홈페이지** www.ebs.co.kr
전자우편 ebs_books@ebs.co.kr

ISBN 978-89-547-5705-8 04300
978-89-547-5388-3 (세트)